Sandro Göpfert

40 Tage mit Dietrich Bonhoeffer

Ein Andachtsbuch

BRUNNEN
Verlag GmbH · Giessen

Bibelzitate folgen der Bibel nach Martin Luthers Übersetzung, revidiert 2017, © 2016 Deutsche Bibelgesellschaft, Stuttgart.

Zur Einführung in das Leben und Werk Dietrich Bonhoeffers finden Sie im Internet von Peter Zimmerling:

Stationen auf dem Weg zur Freiheit:
Dietrich Bonhoeffers Leben
https://www.brunnen-verlag.de/
peter-zimmerling-dietrich-bonhoeffers-leben

Stationen auf dem Weg zur Freiheit:
Dietrich Bonhoeffers Werk
https://www.brunnen-verlag.de/
peter-zimmerling-dietrich-bonhoeffers-werk

FSC www.fsc.org
MIX
Papier aus verantwortungsvollen Quellen
FSC® C014496

3. Auflage 2022

Umschlagmotiv: Wuttichok Panichiwarapun, shutterstock.com
Umschlaggestaltung: spoon design/Daniel Eschner
Satz: DTP Brunnen
Druck: GGP Media GmbH, Pößneck
ISBN Buch 978-3-7655-0992-6
ISBN E-Book 978-3-7655-7482-5
www.brunnen-verlag.de

Inhalt

Vorwort
von Peter Zimmerling

Die Beliebtheit von Dietrich Bonhoeffer ist groß: In vielen Predigten tauchen Zitate von ihm auf und selbst in Reden US-amerikanischer Präsidenten im Deutschen Bundestag wird auf ihn Bezug genommen. Dabei geht es häufig um den politischen Bonhoeffer. Dass sein Engagement im Widerstand gegen Hitler geistliche Ursachen und Quellen besaß, ist vielen unbekannt.

Pfarrer Sandro Göpfert hat sich bereits in seinem Theologiestudium mit dem spirituellen Bonhoeffer beschäftigt. Ich erinnere mich noch gut an seine Examensarbeit über dessen Meditationsverständnis. Das vorliegende Buch von Göpfert ist aus jahrelanger Lektüre der Texte Bonhoeffers erwachsen, vor allem der Bücher „Schöpfung und Fall", „Nachfolge", „Gemeinsames Leben" und „Das Gebetbuch der Bibel". Alle vier Bücher sind in den letzten Jahren in gebundenen, schön gestalteten Ausgaben im Brunnen Verlag erschienen. Bonhoeffer hat in ihnen Rechenschaft gegeben, wie christlicher Glaube vom einzelnen Christen inmitten der Gemeinde unter den Bedingungen einer Diktatur gelebt werden kann.

Das Buch Göpferts leitet dazu an, sich mit den geistlichen Einsichten Dietrich Bonhoeffers auseinanderzusetzen, die bis heute herausfordern. Man muss sie wie guten Wein „verkosten", um so richtig auf ihren Geschmack zu kommen. Der Autor hat dazu Texte Bonhoeffers zu vierzig Begriffen von „Gemeinschaft" bis „Abschied" herausgesucht. Auf Bonhoeffers Text folgt jeweils ein passender biblischer Bezugstext, dann ein erläuternder Kommentar, Fragen zur Vertiefung und schließlich Anregungen zum Gebet. Auf diese Weise ist ein Meditationsbuch für einen Zeitraum von vierzig Tagen entstanden. Wer sich darauf einlässt, geht bei Bonhoeffer in die Schule, um mit ihm gemeinsam Jesus nachzufolgen.

Leipzig, im November 2017
Peter Zimmerling

Einleitung

Dietrich Bonhoeffer (1906–1945), evangelischer Pfarrer und Widerstandskämpfer gegen den Nationalsozialismus, ist einer der großen Propheten unserer Zeit. Wenn man sich mit dem beschäftigt, was er gesagt oder geschrieben hat, dann hat man unweigerlich den Eindruck, dass er vieles in der Tiefe gesehen und ausgesprochen hat, was auch heute wegweisend ist für unser persönliches Leben und den Weg der Kirche.

Dabei ist die Lektüre Bonhoeffers keine leichte Kost. Zum einen ist das, was er schreibt, stilistisch manchmal nicht ganz einfach zu fassen. Trotz der vorgenommenen Textauswahl wird man vermutlich manches mehr als einmal lesen müssen, um zu verstehen, was gemeint ist. Zum anderen sind seine Gedanken auch inhaltlich oft sperrig oder unbequem. Sie fordern uns heraus. Wenn wir in sie eintauchen, dann finden wir nicht nur ein paar nette Sätze, die uns guttun, sondern auch vieles, woran man kräftig zu beißen hat. Meine Erfahrung ist aber, dass es sich lohnt, Bonhoeffer zu lesen und länger über das Gelesene nachzudenken.

Das vorliegende Büchlein will Ihnen dabei helfen, seine Worte im Zusammenhang mit entsprechenden Bibeltexten zu meditieren.

Lesen Sie den *Bonhoeffer-Text*, am besten mehrmals.

Der kurze *Bibeltext* vertieft das von Bonhoeffer Gesagte.

Gönnen Sie sich anschließend eine *Zeit der Stille*, um die gelesenen Texte auf sich wirken zu lassen. Wo sind sie im Bonhoeffer-Text „hängen" geblieben? Was hat Sie angesprochen? Was liegt Ihnen „quer im Magen"? Wo verstehen Sie etwas nicht? Wo haben Sie den Eindruck, dass Gott Ihnen persönlich etwas sagen möchte? Vielleicht möchten Sie ja Ihre Gedanken auch schriftlich festhalten.

Die begleitende *Erläuterung* soll Ihnen dann dabei helfen, die jeweiligen Texte im Kontext von Bonhoeffers Zeit und Leben besser zu verstehen.

Anschließende *Fragen* laden zum Weiterdenken ein.

Anregungen zum *Gebet* beenden dann jede Tageseinheit und laden zu einer eigenen Gebetszeit ein.

Wenn Ihnen das Leben und das Werk von Dietrich Bonhoeffer noch nicht so vertraut sind, können Sie auf der Website des Brunnen Verlages zwei Aufsätze von Peter Zimmerling herunterladen: *Dietrich Bonhoeffer – Leben und Werk*, der einen kurzen Überblick über das Leben Bonhoeffers gibt, und *Stationen auf dem Weg zur Freiheit: Dietrich Bonhoeffers Werk,* der Sie in das theologische und literarische Lebenswerk Bonhoeffers einführt. Die Links bzw. QR-Codes für Ihr Tablet oder Smartphone finden Sie im Impressum dieses Buchs.

Die Zuspitzung auf das persönliche Glaubensleben soll nicht verdecken, dass Bonhoeffer gewiss kein Freund von religiösem Individualismus war. Er hat stattdessen immer den Glauben in der Gemeinschaft der Kirche betont. Gerade dies scheint mir für unsere postmoderne Zeit wichtig und wegweisend zu sein.

Mit der Veröffentlichung dieses Buches ist die Hoffnung verbunden, dass es Interesse weckt und Lust macht, sich auch weiter mit Bonhoeffer und seinen wegweisenden Gedanken zu beschäftigen. Die vom Brunnen Verlag neu herausgegebenen Bonhoeffer-Bücher „Schöpfung und Fall“, „Nachfolge“, „Gemeinsames Leben“ und „Das Gebetbuch der Bibel“ laden dazu förmlich ein. Auf diese vier Werke, die zwischen 1933 und 1940 erschienen sind, bezieht sich auch ein großer Teil der ausgewählten Texte. Dazu kommen bekanntere Passagen aus „Widerstand und Ergebung“, seinen Briefen und Aufzeichnungen aus der Haft.

Ich danke den Mitarbeitern des Brunnen Verlages, namentlich dem theologischen Lektor Herrn Uwe Bertelmann, für die Initiative und alle Unterstützung, die zum Erscheinen dieses Buches beigetragen haben.

Ich widme es in großer Dankbarkeit für alle geistliche Weggemeinschaft und Ermutigung den engagierten Mitarbeiterinnen und Mitarbeitern der Ev.-Luth. Kirchgemeinden Mülsen und Burgstädt.

Tag 1
Christ sein

„Christ ist der Mensch, der sein Heil, seine Rettung, seine Gerechtigkeit nicht mehr bei sich selbst sucht, sondern bei Jesus Christus allein. Er weiß, Gottes Wort in Jesus Christus spricht ihn schuldig, auch wenn er nichts von eigener Schuld spürt, und Gottes Wort in Jesus Christus spricht ihn frei und gerecht, auch wenn er nichts von eigener Gerechtigkeit fühlt. Der Christ lebt nicht mehr aus sich selbst, aus seiner eigenen Anklage und seiner eigenen Rechtfertigung, sondern aus Gottes Anklage und Gottes Rechtfertigung. Er lebt ganz aus Gottes Wort über ihn, in der gläubigen Unterwerfung unter Gottes Urteil, ob es ihn schuldig oder ob es ihn gerecht spricht. [...] Der Christ lebt ganz von der Wahrheit des Wortes Gottes in Jesus Christus. Wird er gefragt: Wo ist dein Heil, deine Seligkeit, deine Gerechtigkeit?, so kann er niemals auf sich selbst zeigen, sondern er weist auf das Wort Gottes in Jesus Christus, das ihm Heil, Seligkeit, Gerechtigkeit zuspricht. Nach diesem Worte hält er Ausschau, wo er nur kann. [...] Nur von außen kann es kommen. In sich selbst ist er arm und tot. “

(Gemeinsames Leben S. 33f – DBW 5,18f)

„Ich lebe, doch nun nicht ich, sondern Christus lebt in mir. Denn was ich jetzt lebe im Fleisch, das lebe ich im Glauben an den Sohn Gottes, der mich geliebt hat und sich selbst für mich dahingegeben.“ (Gal 2,20)

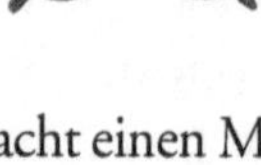

Wer ist ein Christ? Was macht einen Menschen zum Christen? Ist es die Taufe, das Zahlen von Kirchensteuer oder Mitgliedsbeitrag, der Versuch eines moralisch anständigen Lebens, der regelmäßige Besuch von Gottesdiensten, das Ja zu bestimmten Überzeugungen? Diese Dinge mögen alle wichtig sein. Entscheidend ist aber, dass ein Christ „außer sich“ lebt – in einer Abhängigkeit und einer engen Beziehung zu Jesus, dem Christus. Nicht nur hier orientiert sich Bonhoeffer ganz eng an den Entdeckungen von Martin Luther: Ein Christ versucht nicht, sich aus sich selbst zu verbessern oder zu erlösen, sondern erwartet alles von Gott her.

Jesus Christus, das lebendige Wort Gottes, spricht einen Menschen schuldig und überführt ihn seiner Sünde. Aber derselbe Jesus Christus spricht einen Menschen auch frei und gerecht, wenn er seine Sünde bekennt und um Vergebung bittet. Martin Luther hat das in die Begriffe „Gesetz“ und „Evangelium“ gefasst: Das, was Gott von uns will, begegnet uns zum einen als überführender Anspruch und zeigt uns, dass wir nicht so sind, wie wir in Gottes Augen eigentlich sein sollten. Zum anderen ist da aber auch der tröstende Zuspruch – Gott spricht uns frei und gerecht, wenn wir uns bewusst werden, dass wir ohne ihn „arm und tot“ sind. In seinem Buch „Nachfolge“ wird Bonhoeffer später viel vom „konkreten Gebot“ reden, in dem Gottes Wille einem Menschen in einer spezifischen Situation zugleich fordernd und liebevoll begegnet. Christsein gleicht so immer auch einer Kapitulation: Ich erkenne an, dass Gott eben Gott und der Bezugspunkt meines Lebens ist und nicht ich selbst. Ein Christ betreibt nach Bonhoeffer also kein Selbstverwirklichungsprogramm, sondern er macht seinen Lebensanker fest an Jesus Christus, der von außen her („extra nos“) durch sein Wort zu ihm spricht.

» Fragen Menschen heute noch nach „Heil“, „Rettung“ und „Gerechtigkeit“?
» Was bedeutet es praktisch, dass Christen all das bei Jesus finden?
» Hat Jesus mich schon einmal von mir bewusster Schuld freigesprochen?
» Lebe ich gern in einer Beziehung zu Jesus?
» Stecke ich drin im „religiösen Stress“ oder lebe ich aus Gottes Zuwendung?

- Ich danke für Jesus, den Christus, der mich zum Christen macht.
- Ich danke für die Vergebung meiner Sünden und die Gabe des ewigen Lebens.
- Ich bitte für Menschen, denen es schwerfällt, auf Gott zu vertrauen.
- Ich bitte, dass Gott mir zeigt, was es für mich persönlich heißt, alles von Christus zu erwarten.

Tag 2
Schöpfung

„Dass Gott sein Werk ansieht und sein Wohlgefallen an ihm hat, weil es gut ist, das heißt, dass Gott sein Werk liebt und darum erhalten will. Schaffen und Erhalten, das sind zwei Seiten des einen Tuns Gottes; es kann ja nicht anders sein, als dass das Werk Gottes gut ist und dass er das Werk nicht verwirft, vernichtet, sondern liebt und erhält. Im Blicke Gottes kommt sein Werk zur Ruhe, vernimmt es sein Wohlgefallen. Der Blick Gottes bewahrt die Welt vor dem Zurückstürzen ins Nichts, vor der gänzlichen Vernichtung. Der Blick Gottes sieht die Welt als gute, als geschaffene – auch wo sie gefallene Welt ist –, und um des Blickes Gottes willen, mit dem er sein Werk umfängt und nicht lässt, leben wir. Dass Gottes Werk gut ist, heißt keinesfalls, dass sie die beste aller denkbaren Welten ist, sondern es heißt, dass sie ganz vor Gott lebt, dass sie von ihm her und auf ihn hin lebt und dass er ihr Herr ist. [...] Dass das Getane, der Zustand, die Verleiblichung des Willens, dass die Welt gut ist, dass Gottes Reich auf Erden sei, dass sein Wille auf der Erde geschehe, Tat werde, darum geht es in der ganzen Bibel. Weil die Welt Gottes ist, darum ist sie gut. Gott will eine gute Welt, ein gutes Werk, er, der Schöpfer und Herr der Welt ist! Die Flucht aus dem geschaffenen Werk in den leiblosen Geist, in die Gesinnung ist untersagt. Gott will sein Werk ansehen, lieben, gut nennen und erhalten."

(Schöpfung und Fall S. 43f – DBW 3,42f)

„HERR, wie sind deine Werke so groß und viel! Du hast sie alle weise geordnet, und die Erde ist voll deiner Güter. [...] Die Herrlichkeit des HERRN bleibe ewiglich, der HERR freue sich seiner Werke! Er schaut die Erde an, so bebt sie; er rührt die Berge an, so rauchen sie. Ich will dem HERRN singen mein Leben lang und meinen Gott loben, solange ich bin.“ (Ps 104,24.31-33)

Der Blick, mit dem man etwas ansieht – ob grundsätzlich wohlwollend oder kritisch –, ist entscheidend. Auch in Bezug auf unsere Welt. Verstehen wir sie als Schöpfung, dann ist natürlich vor allem der Blick des Schöpfers interessant.

Bonhoeffer betont hier, dass Gott sowohl der Schöpfer als auch der Erhalter seiner Welt ist. Auch das Zweite ist wichtig, weil so deutlich wird, dass Gott diese Welt eben nicht aufgegeben und sich selbst überlassen hat. Gott beteiligt den Menschen sogar in begrenztem Maß an seinem Wirken, indem er ihm Kreativität schenkt und Verantwortung überträgt. Bonhoeffer betont, dass Gottes Blick auf sein Werk ein positiver und (entgegen Vorstellungen aus der griechischen Gnosis) dass seine Schöpfung gut ist, auch wenn sie durch den Einfluss der Sünde in Mitleidenschaft gezogen wird.

Die Schöpfung gibt uns Hinweise auf die Güte des Schöpfers – und es ist angemessen, dass wir dankbar dafür sind. Dazu kommt die Mit-Verantwortung: Wenn Gott seine Schöpfung liebt, dann kann sie uns nicht gleichgültig sein. Dann sollen wir sie achten, gestalten und Gott im „Buch der Natur" begegnen. Gottes Ordnungen, sein schöpferisches Wort und sein wohlwollender Blick bewahren die geschaffene und geliebte Welt vor dem Rückfall ins Chaos, ins Tohuwabohu (1Mo 1,2). Schöpfung bedeutet: Diese Welt ist von Gott geschaffen und von Anfang an und dauerhaft auf ihn hin bezogen. Gott spricht und sieht uns mitsamt seiner Schöpfung an – dieses Sprechen und Sehen sind wahrnehmende Handlungen, die Beziehung und Wertschätzung ausdrücken: Die menschliche Mit-Verantwortung für die geschaffene Welt lässt keine Flucht aus der materiellen in eine rein geistliche Welt zu. Bonhoeffer betont, dass es bei Gott und Mensch nie nur um den guten Willen geht, sondern auch um das konkrete Tun, um die Umsetzung des Willens in der Schöpfung und bei den Geschöpfen. Im Auftrag Gottes sind wir in seiner Gegenwart berufen zum Staunen, Bebauen und Bewahren.

» Welchen Blick habe ich auf die Welt? Wie denke und rede ich über sie? Wie gehe ich mit ihren Ressourcen um? Ist sie für mich gute Schöpfung Gottes?

- » Kann ich dem Schöpfer und Erhalter dankbar sein für sein Werk?
- » Wo werden zerstörerische Einflüsse sichtbar? Was kann ich dagegen tun?

- » Ich danke für Gottes Schöpfung und die Ordnung, die er in sie hinein gelegt hat.
- » Ich bitte um einen liebevollen, wertschätzenden Blick auf unsere Mit-Welt.
- » Ich bitte um einen verantwortungsvollen Umgang mit den Ressourcen der Schöpfung.
- » Ich bitte um Gottes Eingreifen gegen alles, was seine gute Welt zerstören will.

Tag 3
Sünde

„Was ist geschehen? Zunächst dies: Die Mitte ist betreten, die Grenze ist überschritten, nun steht der Mensch in der Mitte, nun ist er ohne Grenze. Dass er in der Mitte steht, heißt, dass er nun aus sich selbst lebt und nicht mehr aus der Mitte heraus, dass er grenzenlos ist, heißt, dass er allein ist. [...] Nun lebt er aus sich selbst, nun schafft er sein Leben selbst, ist er sein eigener Schöpfer, bedarf des Schöpfers nicht mehr, ist er selbst Schöpfer geworden, sofern er sein eigenes Leben schafft. Damit ist seine Geschöpflichkeit für ihn erledigt, zerstört. [...] Weil aber der Fall des Menschen in der Schöpfung Gottes sowohl unbegreiflich wie endgültig-unentschuldbar ist, darum erschöpft hier das Wort *Ungehorsam* nicht den Sachverhalt. Es ist die Empörung, es ist das Heraustreten des Geschöpfes aus seiner ihm allein möglichen Haltung, es ist das Schöpferwerden des Geschöpfes, es ist die Zerstörung der Geschöpflichkeit, es ist der Abfall, der Sturz aus dem Gehaltensein in der Geschöpflichkeit, und es ist dieser Abfall als ein *dauerndes* Fallen, *Stürzen* ins Bodenlose, ein Losgelassensein, ein immer weiter und tiefer sich entfernen. Und es ist eben in all dem nicht einfach ein *ethischer Fehltritt*, sondern es ist die Zerstörung der Schöpfung durch das Geschöpf. D. h., das Ausmaß dieses Falles ergreift die ganze geschaffene Welt, der nunmehr die Geschöpflichkeit geraubt ist, indem sie wie ein Meteor, der sich vom Kern losgerissen hat, in den unendlichen Raum blindlings hineinstürzt."

(Schöpfung und Fall S. 100.105 – DBW 3,107.112)

„Da sprach die Frau zu der Schlange: Wir essen von den Früchten der Bäume im Garten; aber von den Früchten des Baumes mitten im Garten hat Gott gesagt: Esset nicht davon, rühret sie auch nicht an, dass ihr nicht sterbet! Da sprach die Schlange zur Frau: Ihr werdet keineswegs des Todes sterben; sondern Gott weiß: An dem Tage, da ihr davon esst, werden eure Augen aufgetan, und ihr werdet sein wie Gott und wissen, was gut und böse ist. Und die Frau sah, dass von dem Baum gut zu essen wäre und dass er eine Lust für die Augen wäre und verlockend, weil er klug machte. Und sie nahm von seiner Frucht und aß und gab ihrem Mann, der bei ihr war, auch davon und er aß. [...] Und Adam versteckte sich mit seiner Frau vor dem Angesicht Gottes des HERRN zwischen den Bäumen im Garten."
(1Mo 3,2-6.8b)

„Sünde“ ist wohl einer der bekanntesten, aber auch am meisten belasteten und missverstandenen Begriffe aus dem jüdisch-christlichen Sprachgebrauch. Oft wird mit dem Etikett „Sünde“ eine ethische Entgleisung oder ein Kavaliersdelikt belegt. Vom „Sündigen gegen die schlanke Linie“ über die „Flensburger Sünderkartei“ bis hin zu „Steuersündern“ und „Sünde als verbotener Lust“ ist im landläufigen Sprachgebrauch alles dabei. In der Regel spielt der Gottesbezug dabei keine Rolle. Bonhoeffer legt in seinem Buch „Schöpfung und Fall“ auf großartige Weise dar, was Sünde im Kern eigentlich ist. Mit Bezug auf die Paradieserzählung innerhalb der Urgeschichte zeigt er, dass das Problem von Adam und Eva darin besteht, dass sie entgegen den Weisungen Gottes die Mitte betreten und die ihnen gesetzte Grenze überschreiten. Vom Misstrauen gegenüber der Güte Gottes infiziert, lösen sie sich als Geschöpfe aus der entscheidenden Beziehung zum Schöpfer heraus. Bonhoeffer weist darauf hin, dass Sünde nach biblischem Verständnis nicht nur Pflichtverletzung oder moralisches Versagen ist, sondern Beziehungsstörung, Zielverfehlung und zerstörte Lebensmöglichkeiten. Wenn der Mensch sich selbst in den Mittelpunkt stellt und zum Maß aller Dinge macht, dann rückt er an die Position Gottes und wird damit grenzenlos, maßlos und einsam. Bonhoeffer sagt, dass er damit sogar seine Geschöpflichkeit zerstört. Das ist genauso unbegreiflich wie endgültig – und hat seit dem ersten Sündenfall Auswirkungen auf die gesamte geschaffene Welt, die dauernd fällt und blind ins Bodenlose stürzt.

» Was verstehe ich unter Sünde? Wo begegnet mir das Wort im Alltag?

» Wie zeigt es sich, dass sich Menschen an die Stelle Gottes setzen? Warum ist es gefährlich, wenn der Mensch sich zum Maß aller Dinge macht?

» Was bedeutet es für die Welt und für mich persönlich, dass Gott seinen Sohn gesandt hat, um seine verlorenen Geschöpfe zurückzugewinnen?

» Ich danke dafür, dass wir als Geschöpfe von Anfang an in Beziehung zum Schöpfer geschaffen sind und darin Maß, Mitte und Grenzen unseres Lebens finden.

» Ich danke dafür, dass Gott den Riss und die Macht der Sünde durch die Hingabe des sündlosen Gott-Menschen Jesus Christus überwunden hat.

» Ich bitte um Selbsterkenntnis, wo ich Gottes Ziele für mein Leben verfehlt habe.

» Ich bitte, dass das Misstrauen vieler Menschen gegenüber Gottes Güte heilt.

Tag 4
Nachfolge

„Nachfolge ist Bindung an Christus; weil Christus ist, darum muss Nachfolge sein. Eine Idee von Christus, ein Lehrsystem, eine allgemeine religiöse Erkenntnis von der Gnade oder Sündenvergebung macht Nachfolge nicht notwendig, ja, schließt sie in Wahrheit aus, ist der Nachfolge feindlich. Zu einer Idee tritt man in ein Verhältnis der Erkenntnis, der Begeisterung, vielleicht auch der Verwirklichung, aber niemals der persönlichen gehorsamen Nachfolge. Ein Christentum ohne den lebendigen Jesus Christus bleibt notwendig ein Christentum ohne Nachfolge, und ein Christentum ohne Nachfolge ist immer ein Christentum ohne Jesus Christus; es ist Idee, Mythos. Ein Christentum, in dem es nur den Vatergott, aber nicht Christus als lebendigen Sohn gibt, hebt die Nachfolge geradezu auf. Hier gibt es Gottvertrauen, aber nicht Nachfolge. Allein weil der Sohn Gottes Mensch wurde, weil er *Mittler* ist, ist Nachfolge das rechte Verhältnis zu ihm. Nachfolge ist gebunden an den Mittler, und wo von Nachfolge recht gesprochen wird, dort wird von dem Mittler Jesus Christus, dem Sohn Gottes gesprochen. Nur der Mittler, der Gottmensch kann in die Nachfolge rufen."

(Nachfolge S. 56f – DBW 4,47)

„Als nun Jesus am Galiläischen Meer entlangging, sah er zwei Brüder, Simon, der Petrus genannt wird, und Andreas, seinen Bruder; die warfen ihre Netze ins Meer; denn sie waren Fischer. Und er sprach zu ihnen: Kommt, folgt mir nach! Ich will euch zu Menschenfischern machen. Sogleich verließen sie ihre Netze und folgten ihm nach.“ (Mt 4,18-20) „Ich bin das Licht der Welt. Wer mir nachfolgt, der wird nicht wandeln in der Finsternis, sondern wird das Licht des Lebens haben.“ (Joh 8,12)

Bereits seit 1931/32 bewegte Bonhoeffer ein Thema, das er ab 1935 als Direktor des Predigerseminars in Zingst und Finkenwalde in Vorlesungen vertiefen und das dann schließlich Ende 1937 als Buch erscheinen sollte: Nachfolge. Das Zentrum des Buches bildet eine Auslegung der Bergpredigt Jesu (Mt 5-7).

Als roter Faden zieht sich durch das ganze Werk aber die Beziehung zwischen Glaube und Gehorsam, Rechtfertigung und Heiligung, Hören und Tun, Hingabe des Einzelnen und sozialer Verantwortung. Das Buch verbreitete sich schnell und hat in evangelischen Gemeinden bis heute eine enorme Wirkung entfaltet – sogar Karl Barth hat sich zwanzig Jahre später im Rahmen seiner „Kirchlichen Dogmatik“ sehr positiv darüber geäußert. Bonhoeffer macht deutlich, dass Nachfolge keine Ideologie und kein festes Programm ist, sondern dass es um ein lebendiges Verhältnis zu Jesus Christus geht, wenn wir von ihm gerufen sind und dann gehen und ihm folgen. Glauben ist mehr als ein Für-wahr-Halten von bestimmten Tatsachen, nämlich eine Verbindung, eine Vertrauensbeziehung zu einer konkreten Person, die einen Menschen in Bewegung setzt – hin zu Gott und zu anderen Menschen, hinein in Verantwortung und im Gehorsam gegenüber dem Ruf Jesu, der einen Menschen trifft. Martin Niemöller, dem Bonhoeffer das Buch widmete, hatte als Lebensmotto die Frage: „Was würde Jesus dazu sagen?“ Stellt man sich in konkreten Situationen diese Frage und bezieht sie auf sein ganzes Leben, dann geschieht Nachfolge im Alltag.

» Verstehe ich Glauben mehr als Idee, Programm und System von Lehraussagen oder als lebendige und gelebte Vertrauensbeziehung zu Jesus Christus?
» Wie kann meine Kirche oder Gemeinde stärker „Nachfolgegemeinschaft“ werden?
» Wo will Jesus mich herausfordern, mit ihm gemeinsam Schritte zu gehen?

» Ich danke für Jesus, der uns als Mittler mit Gott verbindet und uns vorangeht.
» Ich danke dafür, dass Glaube nichts Statisches, sondern etwas sehr Dynamisches ist.
» Ich bitte, dass wir als *Kinder* Gottes erkennen, wohin uns der *Sohn* Gottes ruft.
» Ich bitte um Mut und Vertrauen, Jesus ehrlich zu fragen: „Was soll ich für dich bzw. mit dir gemeinsam tun?“ Ich bitte um Aufmerksamkeit, seine Stimme zu hören.
» Ich bitte, dass Jesus mich in konkreten Situationen in Bewegung setzt und führt.

Tag 5
Heiliger Geist

„Die Gabe der Taufe ist der Heilige Geist. Der Heilige Geist aber ist der in den Herzen der Gläubigen wohnende Christus selbst. Die Getauften sind das Haus, in dem der Heilige Geist Wohnung gemacht hat. Der Heilige Geist gewährt uns die bleibende Gegenwart Jesu Christi und seine Gemeinschaft. Er gibt uns rechte Erkenntnis seines Wesens und seines Willens, er lehrt und erinnert uns an alles, was Christus uns gesagt hat, er leitet uns in alle Wahrheit, dass es uns an Erkenntnis Christi nicht mangelt, dass wir wissen können, was uns von Gott gegeben ist. Nicht Ungewissheit, sondern Gewissheit und Klarheit schafft der Heilige Geist in uns. Darum können wir im Geist wandeln und gewisse Tritte tun. Das Maß der Gewissheit, das die Jünger Jesu in seiner irdischen Gemeinschaft hatten, hat Jesus den Seinen nach seinem Hingang nicht genommen. Durch die Sendung des Heiligen Geistes in die Herzen der Getauften wird die Gewissheit der Erkenntnis Jesu nicht nur erhalten, sondern durch die Nähe der Gemeinschaft noch gestärkt und gefestigt."

(Nachfolge S. 226f – DBW 4,223f)

„Ich will den Vater bitten und er wird euch einen andern Tröster geben, dass er bei euch sei in Ewigkeit: den Geist der Wahrheit, den die Welt nicht empfangen kann, denn sie sieht ihn nicht und kennt ihn nicht. Ihr kennt ihn, denn er bleibt bei euch und wird in euch sein. [...] Der Tröster, der Heilige Geist, den mein Vater senden wird in meinem Namen, der wird euch alles lehren und euch an alles erinnern, was ich euch gesagt habe." (Joh 14,16-17.26)

In das Kapitel über die Taufe in seinem Buch „Nachfolge" hat Bonhoeffer eine kleine Theologie des Heiligen Geistes eingebaut. Auf knappem Raum beschreibt und belegt er mit zahlreichen Verweisen auf die entsprechenden Bibelstellen, wer der Heilige Geist ist und was er bewirkt. Ausgehend vom Ereignis der Taufe verdeutlicht er damit, dass Christsein nichts Statisches, sondern etwas zutiefst Dynamisches ist. Der Glaubende lebt in und aus der Gegenwart Jesu Christi.

Der Geist hilft, dass sich die mit der Taufe geschenkte Verbindung zu Jesus Christus im Leben eines Menschen entfaltet. Christus wohnt durch den Heiligen Geist in uns wie in einem Haus. Er stiftet Gemeinschaft, gibt Erkenntnis, lehrt und erinnert an Jesu Worte, zeigt die Wahrheit auf und leitet in konkreten Situationen. Bemerkenswert ist vor allem, dass der Heilige Geist Gewissheit und Klarheit im Leben eines Jesus-Nachfolgers schafft. Auch das kann man dynamisch verstehen: Wenn Nachfolge bedeutet, hinter Jesus herzugehen und zu erspüren, was er mir heute sagen und wohin er mich lenken will, dann können das ja auch neue, ungeahnte, kreative und nicht zuletzt unsichere Wege sein. Wenn dann Gottes Geist unter dem Einfluss von Gottes Wort in eine bestimmte Lebenssituation hineinwirkt, dann kann das eine – oft genug überraschende – Helligkeit und Ruhe in einem Menschen auslösen. Die Reformatoren haben dabei klug zwischen Gewissheit (certitudo) und Sicherheit (securitas) unterschieden. Ein Leben im Glauben unter der Führung des Heiligen Geistes schafft keine Sicherheit, die ich aus mir selbst oder aus den äußeren Umständen ableiten könnte. Sie bleibt oft genug angefochten durch die Schwierigkeiten des Alltags. Aber gebunden an Jesus Christus und in seiner Gegenwart wird sich eine ganz getroste Gewissheit einstellen. Die steht dem in nichts nach, wie die Jünger Jesu vor 2.000 Jahren leibhaftig und sichtbar seine Gemeinschaft und Gegenwart erlebt haben. Auch sie sind durch Krisen gegangen, haben vieles nicht verstanden, oft gezweifelt und versagt. Letztlich brachte sie nicht ihr großer Glaube ans Ziel, sondern der große Gott, der ihren kleinen Glauben durch seinen Geist immer wieder gestärkt hat.

- Bin ich mir bewusst, dass ich einen „Mitbewohner“ habe, wenn ich Christ bin?
- Wie erlebe ich die Führung des Heiligen Geistes in meinem Leben? Habe ich sein heilsames Wirken, seine Gegenwart schon einmal gespürt? Wie war das?
- Was hilft mir dabei, den Impulsen des Geistes Gottes zu folgen? Was lenkt mich ab; was hindert mich? Wie können wir als Gemeinschaft auf ihn hören?

- Ich danke, dass Gottes Geist in mir Wohnung nehmen will bzw. genommen hat.
- Ich bitte um seine Führung in meinem Leben, um Trost, Erkenntnis, Weisung …
- Ich bitte um Offenheit und Hörbereitschaft auf das, was der Heilige Geist sagt.
- Ich bitte um Klarheit und Gewissheit in schwierigen Entscheidungssituationen – für andere, für mich persönlich, aber auch für unsere Familie, Gemeinde …

Tag 6
Gottes Wort

„Gottes Wort sucht Gemeinde, um sie anzunehmen. Es ist wesentlich in der Gemeinde. Es geht von selbst in die Gemeinde hinein. Es hat eine eigene Bewegung zur Gemeinde hin. Nicht so ist es, dass auf der einen Seite ein Wort, eine Wahrheit ist und auf der anderen Seite eine Gemeinde, und der Prediger habe nun dies Wort zu nehmen, zu handhaben, zu bewegen, um es in die Gemeinde hineinzubringen, es auf die Gemeinde anzuwenden. Vielmehr geht das Wort diesen Weg ganz von selbst, der Prediger soll und kann nichts tun, als dieser eigenen Bewegung des Wortes zu dienen, ihr nichts in den Weg zu stellen. Das Wort geht aus, um Menschen anzunehmen; das wussten die Apostel, und das machte ihre Predigt aus. Sie hatten ja Gottes Wort selbst gesehen, wie es gekommen war, wie es Fleisch angenommen hatte und in diesem Fleisch die ganze Menschheit selbst. […] In diesem Wort aber kommt der Heilige Geist selbst, der dem Einzelnen und der Gemeinde zeigt, was in Christus schon längst geschenkt ist. Er wirkt in den Hörenden den Glauben, dass im Wort der Predigt Jesus Christus selbst mitten unter uns getreten ist in der Kraft seines Leibes, dass er kommt, um mir zu sagen, dass er mich angenommen hat und heute wiederum annehmen will."

(Nachfolge S. 245f – DBW 4,243f)

„Im Anfang war das Wort, und das Wort war bei Gott, und Gott war das Wort. Dasselbe war im Anfang bei Gott. Alle Dinge sind durch dasselbe gemacht, und ohne dasselbe ist nichts gemacht, was gemacht ist. Und das Wort ward Fleisch und wohnte unter uns, und wir sahen seine Herrlichkeit, eine Herrlichkeit als des eingeborenen Sohnes vom Vater, voller Gnade und Wahrheit.“ (Joh 1,1-3.14)

Was ist „Gottes Wort“? Die Bibel? Die Predigt? Bonhoeffer greift, wie z. B. auch Martin Luther und Karl Barth, noch tiefer: „Gottes Wort“ ist zuerst Jesus Christus!

Dabei kann er sich etwa auf das Johannesevangelium berufen, wo berichtet wird, dass das „Wort Gottes“ in Jesus Christus Mensch geworden ist. Geht man von diesem Punkt aus, dann ist wiederum auch die Bibel „Gottes Wort“, weil sie Jesus Christus verkündigt. Und eine Predigt ist ebenfalls „Gottes Wort", wenn sie Jesus Christus verkündigt. Man kann also mit Karl Barth von einer „dreifachen Gestalt des Wortes Gottes" reden. Wichtig daran ist, dass Gottes Wort keine Sache ist und auch keine geschichts- oder beziehungslose Wahrheit, sondern eine lebendige Person. Und indem Jesus Christus durch die Bibel und die Predigt zur Sprache kommt, will er als das „Wort Gottes" wieder zu Menschen kommen und „Fleisch" werden. Dabei ist der Heilige Geist sozusagen der Vermittler. Bonhoeffer legt nun größten Wert darauf, dass Jesus Christus als Gottes Wort zur Gemeinde kommen will. Gottes Wort will Gemeinde bauen. Da gibt es eine unwiderstehliche Bewegung zur Gemeinde hin. Richtig verstanden wirkt Gottes Wort dann aus sich selbst heraus. Ein Prediger muss es nicht erst mit allen Regeln der Kunst zum Leben erwecken – es wirkt von selbst mit großer Kraft. In einer Homiletik-Vorlesung in Finkenwalde lehrte Bonhoeffer: *„Aber das Wort Gottes allein hat seine eigene Absicht, dem wir zu dienen haben, das sein eigenes Leben hat."* (DBW 14,496) Gottes Wort ist also ein zutiefst schöpferisches Wort. Ein Prediger soll sich als Diener des Wortes verstehen. Und Menschen sollen sich in den Wirkungsbereich dieses Wortes begeben, damit sie es hören können und Glaube gewirkt werden kann.

» Traue ich es Jesus zu, dass er als Gottes Wort in meinem Leben wirken kann?
» Wie gehe ich mit der Bibel um?
» Mit welchen Erwartungen höre ich eine Predigt?
» Für Prediger: Diene ich dem Wort Gottes oder lege ich es mir zurecht?

» Ich danke dafür, dass Jesus als Gottes Wort in Bibel und Predigt zu uns kommt.
» Ich danke dafür, dass Gottes Wort wirkmächtig und schöpferisch ist.
» Ich bete für alle Verkündiger und Prediger, dass sie Diener des Wortes sind.
» Ich bete dafür, dass Gottes Wort mich dort trifft, wo ich es nötig habe.

Tag 7
Bibel

„Die Heilige Schrift ist mehr als Losung. Sie ist auch mehr als ‚Brot für den Tag'. Sie ist Gottes Offenbarungswort für alle Menschen, für alle Zeiten. Die Heilige Schrift besteht nicht aus einzelnen Sprüchen, sondern sie ist ein Ganzes, das als solches zur Geltung kommen will. [...] Weil die Schrift ein Corpus, ein lebendiges Ganzes ist, darum wird für die Schriftlesung der Hausgemeinde vor allem die sog. lectio continua, d. h. fortlaufende Lesung, in Betracht kommen. Geschichtliche Bücher, Propheten, Evangelien, Briefe und Offenbarung werden im Zusammenhang als Gottes Wort gelesen und gehört. [...] Die fortlaufende Lesung biblischer Bücher zwingt jeden, der hören will, sich dorthin zu begeben, sich dort finden zu lassen, wo Gott zum Heil der Menschen ein für alle Mal gehandelt hat. [...] Wir müssen die Heilige Schrift erst wieder kennenlernen wie die Reformatoren, wie unsere Väter sie kannten. Wir dürfen die Zeit und die Arbeit dafür nicht scheuen. Wir müssen die Schrift kennenlernen zuallererst um unseres Heiles willen. Aber es gibt daneben genug gewichtige Gründe, um uns diese Forderung ganz dringlich zu machen. Wie sollen wir z. B. in unserm persönlichen und kirchlichen Handeln jemals Gewissheit und Zuversicht erlangen, wenn wir nicht auf festem Schriftgrund stehen? Nicht unser Herz entscheidet über unsern Weg, sondern Gottes Wort. [...] Wer aber nicht lernen will, selbstständig mit der Schrift umzugehen, der ist kein evangelischer Christ."

(Gemeinsames Leben S. 63-68 – DBW 5,43-47)

„Wie habe ich dein Gesetz so lieb! Täglich sinne ich ihm nach. Du machst mich mit deinem Gebot weiser, als meine Feinde sind; denn es ist ewiglich mein Schatz. Ich weiche nicht von deinen Ordnungen; denn du lehrest mich. Dein Wort ist meinem Munde süßer als Honig. Dein Wort macht mich klug; darum hasse ich alle falschen Wege. Dein Wort ist meines Fußes Leuchte und ein Licht auf meinem Wege." (Ps 119,97-98.102-105)

Bonhoeffer war davon überzeugt, dass die „Herrnhuter Losungen" ein großer Schatz sind und ein wirklicher Segen darauf liegt, wenn man „Gottes Wort für jeden Tag" auf sich wirken lässt. Dennoch war er sich ebenso bewusst, dass es wichtig ist, die Bibel in ihrem Zusammenhang zu lesen und kennenzulernen. Daher pflegte und empfahl er die fortlaufende Bibellese von ganzen biblischen Büchern oder Kapiteln – die sog. lectio continua, die bereits seit der Zeit der Alten Kirche bekannt war. Als Gottes Offenbarungswort und Heilsmittel hat die Bibel für Bonhoeffer überragende Bedeutung. Christsein ohne Bibel ist für ihn schlicht und einfach nicht vorstellbar. So war es ihm ein großes Anliegen, seine Schüler, Studenten und Vikare zum selbstständigen Lesen der Heiligen Schrift anzuleiten. Dabei ist er nicht gerade mit der Bibel aufgewachsen. Aus einem Brief an eine Freundin, Elisabeth Zinn, vom Januar 1936 kann man schließen, dass Bonhoeffer erst Anfang der 30er-Jahre die Bibel und insbesondere die Bergpredigt für sein persönliches geistliches Leben als wegweisend und befreiend entdeckt hat. Markant für seinen Umgang mit der Bibel wurde nun, dass man sich wirklich auf sie einlassen und ihrer Autorität unterstellen müsse, damit sie ihre Wirkung entfalten kann. Genau genommen legt dann nicht der Leser die Bibel aus, sondern die Heilige Schrift legt ihn aus. An seinen Schwager Rüdiger Schleicher schreibt er im April 1936: *„Nur wenn wir es einmal wagten, uns so auf die Bibel einzulassen, als redete hier wirklich der Gott zu uns, der uns liebt und uns mit unseren Fragen nicht allein lassen will, werden wir an der Bibel froh.“* (DBW 14,145) Mit all dem steht Bonhoeffer nahe bei Martin Luther und der Reformation, die er im Kern als eine Bibelbewegung verstand und hoch schätzte.

» Greife ich zur Bibel mit einem Vertrauensvorschuss? Bin ich bereit, mich auf sie einzulassen und Heilsames zu erwarten?
» Welche Erfahrungen habe ich bisher mit dem Lesen der Bibel gemacht?
» Wie könnte ich andere zum selbstständigen Lesen ermutigen und ihnen helfen?

» Ich danke für die Bibel, mit der uns Gott seinen Willen und sein Wesen zeigt.
» Ich bitte um Demut, mich der Heiligen Schrift demütig auszusetzen.
» Ich bitte darum, dass Gott mich auch sperrige Bibelstellen richtig verstehen lässt.

Tag 8
Gebet

„‚Herr, lehre uns beten!‘ So sprachen die Jünger zu Jesus. Sie bekannten damit, dass sie von sich aus nicht zu beten vermochten. Sie müssen es lernen. […] Beten heißt ja nicht einfach das Herz ausschütten, sondern es heißt, mit seinem erfüllten oder auch leeren Herzen den Weg zu Gott finden und mit ihm reden. Das kann kein Mensch von sich aus, dazu braucht er Jesus Christus. […] Gewiss können uns erfahrene Christen hier viel helfen, aber sie können es auch nur durch den, der ihnen selbst helfen muss und zu dem sie uns weisen, wenn sie rechte Lehrer im Beten sind, durch Jesus Christus. Wenn er uns mit in sein Gebet hineinnimmt, wenn wir sein Gebet mitbeten dürfen, wenn er uns auf seinem Wege zu Gott mit hinaufführt und uns beten lehrt, dann sind wir von der Qual der Gebetslosigkeit befreit. Das aber will Jesus Christus. Er will mit uns beten, wir beten sein Gebet mit und dürfen darum gewiss und froh sein, dass Gott uns hört. Wenn unser Wille, unser ganzes Herz eingeht in das Gebet Christi, dann beten wir recht. Nur in Jesus Christus können wir beten, mit ihm werden auch wir erhört. So müssen wir also beten lernen. Das Kind lernt sprechen, weil der Vater zu ihm spricht. Es lernt die Sprache des Vaters. So lernen wir zu Gott sprechen, weil Gott zu uns gesprochen hat und spricht. An der Sprache des Vaters im Himmel lernen seine Kinder mit ihm reden. Gottes eigene Worte nachsprechend, fangen wir an zu ihm zu beten. […] Gottes Sprache in Jesus Christus begegnet uns in der Heiligen Schrift. Wollen wir mit Gewissheit und Freude beten, so wird das Wort der Heiligen Schrift der feste Grund unseres Gebetes sein müssen. Hier wissen wir, dass Jesus Christus, das Wort Gottes, uns beten lehrt. Die Worte, die von Gott kommen, werden die Stufen sein, auf denen wir zu Gott finden."

(Die Psalmen S. 24f – DBW 5,107f)

„Denn wir wissen nicht, was wir beten sollen, wie sich's gebührt; sondern der Geist selbst tritt für uns ein mit unaussprechlichem Seufzen." (Röm 8,26b)

Christlicher Glaube ist für Bonhoeffer nicht einfach mit allgemeiner Religiosität gleichzusetzen. Ja, letztlich sind beides für ihn sogar Gegensätze. „Religion" steht für jede eigenmächtige

Suche des Menschen nach Gott. „Christlicher Glaube" dagegen ist etwas, das Gott durch Jesus Christus den Menschen schenkt. Bezogen auf das Gebet heißt das, dass es durchaus vielerlei religiöse Suchbewegungen des Menschen nach Gott gibt. Aber führen sie auch zum Ziel? Entscheidend ist für Bonhoeffer das, was der große jüdische Religionsphilosoph A. J. Heschel zu einem seiner Buchtitel gemacht hat: „Gott sucht den Menschen." Das gilt auch für das Gebet. Weil Jesus das Beten lehrt, indem er seinen Jüngern das Vaterunser beibringt, darum können sie beten. Wenn Jesus uns in die innige Beziehung zu seinem Vater hineinnimmt, dann können wir beten. Und dieses Beten wird dann immer ein Beten in der Kraft des Heiligen Geistes sein, der unsere Sprachlosigkeit überwindet und unserer Schwachheit aufhilft. Letztlich liegt darin eine große Entlastung: Wir müssen nichts aus uns selbst heraus produzieren. Genau genommen können wir das gar nicht. Aber Jesus nimmt uns mit hinein ins Gebet. Weil Gott zu uns spricht, darum können wir antworten. Gott spricht zu uns in der Bibel. Darum ist es wichtig, dass wir sie lesen und uns mit ihr beschäftigen. An ihren Worten und Verheißungen lernen wir das Beten. In Gestalt von Jesus Christus und der Bibel ist Gott die Stufen zu uns herabgekommen. Deshalb können das auch nur die einzigen Stufen sein, auf denen wir zu Gott hinauffinden.

» Welche Erfahrungen habe ich bisher mit dem Beten gemacht?
» Bin ich bereit, mein Beten durch Jesus und die Bibel formen zu lassen?
» Wie sieht das konkret aus? Welche Haltung und Inhalte prägen mein Gebet?

» Ich danke für Jesus Christus, der der beste Lehrer des Gebets ist.
» Ich danke dafür, dass Gott durch seinen Heiligen Geist zu mir spricht.
» Ich bitte um Ehrlichkeit, meine Gebetsarmut vor Gott zu bringen.

Tag 9
Arbeiten

„Beten und Arbeiten ist zweierlei. Das Gebet soll nicht durch die Arbeit, aber auch die Arbeit nicht durch das Gebet verhindert werden. Wie nach Gottes Willen der Mensch sechs Tage arbeiten und am siebenten ausruhen und feiern soll vor Gottes Angesicht, so ist nach Gottes Willen jeder Tag des Christen durch das Doppelte gekennzeichnet, Gebet und Arbeit. Auch das Gebet braucht seine Zeit. Aber die Länge des Tages gehört der Arbeit. [...] Die Arbeit stellt den Menschen in die Welt der Dinge. Sie fordert von ihm das Werk. [...] Das Werk in der Welt kann ja nur dort vollbracht werden, wo der Mensch sich selbst vergisst, wo er sich an die Sache, an die Wirklichkeit, an die Aufgabe, an das Es verliert. In der Arbeit lernt der Christ, sich von der Sache begrenzen zu lassen, so wird ihm die Arbeit zum Heilmittel gegen die Trägheit und Bequemlichkeit seines Fleisches. An der Welt der Dinge sterben die Ansprüche des Fleisches. Das kann aber nur dort geschehen, wo der Christ durch das Es hindurchbricht zu dem ‚Du' Gottes, der ihm die Arbeit und das Werk befiehlt und ihm zur Befreiung von sich selbst dienen lässt. [...] So reicht das Beten des Christen über die ihm zugewiesene Zeit hinaus mitten in die Arbeit hinein. Es umfasst den ganzen Tag, es hält dabei die Arbeit nicht auf, sondern es fördert sie, bejaht sie, gibt ihr Ernst und Fröhlichkeit. So wird jedes Wort, jedes Werk, jede Arbeit des Christen zum Gebet, nicht in dem unwirklichen Sinne eines fortwährenden Abgelenktseins von der gestellten Aufgabe, sondern in dem wirklichen Durchbruch durch das harte Es zum gnädigen Du.

[…] Entscheidungen, die die Arbeit fordert, werden einfacher und leichter, wo sie nicht in Menschenfurcht, sondern allein vor Gottes Angesicht gefällt werden.[…] Auch mechanisches Arbeiten wird geduldiger getan, wenn es aus der Erkenntnis Gottes und seines Befehles kommt. Die Kräfte zur Arbeit nehmen zu, wo wir Gott darum gebeten haben, er wolle uns heute die Kraft geben, die wir für unsere Arbeit brauchen.“

(Gemeinsames Leben S. 82-85 – DBW 5,59-61)

„Und Gott der HERR nahm den Menschen und setzte ihn in den Garten Eden, dass er ihn bebaute und bewahrte.“ (1Mo 2,15)

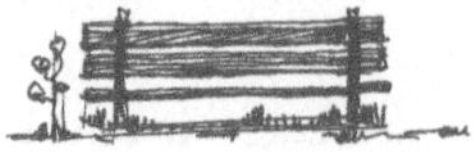

Ein Blick in die ersten Kapitel der Bibel zeigt, dass die Arbeit von Anfang an da und Teil menschlicher Berufung ist. Was wir oft selbstverständlich hinnehmen, liegt für andere – vor allem in fernöstlichen Religionen – nicht auf der Hand. Der Gott der Bibel arbeitet, formt, greift in den Staub, schafft etwas – und es ist gut! Als Geschöpfe des Schöpfers sind Menschen berufen, selbst schöpferisch und kreativ tätig zu sein, indem sie die Erde bebauen und bewahren. Es geht dabei um Verantwortung, nicht um Ausbeutung! Durch den Einfluss der Sünde wird Arbeit dann mühsam – aber als Aufgabe ist sie von Anfang an da.

Eberhard Bethge portraitiert Bonhoeffer im Einleitungskapitel seiner großen Biografie als konzentrierten Arbeiter, der ein großes Pensum bewältigen konnte. Trotzdem kamen bei ihm auch Entspannung und Muße nicht zu kurz. Führt man sich aber Bonhoeffers Lebenslauf vor Augen – vor allem, wie schnell er seine Ausbildung absolvierte und akademische Grade erwarb –, dann merkt man, dass eine solche Entwicklung ohne eine positive Haltung zur Arbeit und eine zupackende Art gar nicht möglich gewesen wäre.

Zum Einen unterscheidet Bonhoeffer Gebet und Arbeit. Beides soll seinen Raum haben im Leben. Die Arbeit ist dabei für ihn zunächst etwas Sachliches, ein „Es". Wenn ein Mensch arbeitet, muss er von sich selbst wegsehen, oft genug innere Widerstände überwinden und sich seinem Werk zuwenden. Aber wo das Gebet zur Arbeit hinzutritt, wird diese mit Gott verbunden, wird die Tür geöffnet hin zu einem persönlichen „Du". Durch die Verbindung mit Gott, der Arbeit geschaffen hat, wird diese zum Dienst, bekommt Sinn, wird gefördert. So gesehen kann jede Arbeit zum Gebet, zu einem geistlichen Dienst vor Gott werden.

» Wie sehe ich meine Arbeit – nur als Last oder auch als Dienst vor Gott?

» In welchem Verhältnis stehen Beten und Arbeiten in meinem Leben?

» Wo kann mich meine Arbeit formen, herausfordern, ganzheitlich stärken?

» Ich danke für die Kraft, Kreativität und Erfahrung, die Gott mir geschenkt hat.

» Ich bitte um auskömmliche Arbeitsmöglichkeiten und gute Arbeitsbedingungen.

» Ich bitte um eine tiefere innere Sicht, die Arbeit auch als Dienst vor Gott versteht.

Tag 10
Gottesdienst

„Von Jerusalem, der Stadt Gottes, von den großen Festen des Gottesvolks, vom Tempel und den schönen Gottesdiensten singen die Psalmen 27, 42, 46, 48, 63, 81, 84, 87 u. a. Es ist die Gegenwart des Gottes des Heils in seiner Gemeinde, für die wir hier danken, über die wir uns freuen, nach der wir uns sehnen. Was für die Israeliten der Berg Zion und der Tempel, das ist für uns die Kirche Gottes in aller Welt, wo immer Gott in seinem Wort und Sakrament bei seiner Gemeinde Wohnung macht. [...] Gott hat verheißen, im Gottesdienst seiner Gemeinde gegenwärtig zu sein. So hält die Gemeinde nach Gottes Ordnung ihren Gottesdienst. Den vollkommenen Gottesdienst aber hat Jesus Christus selbst dargebracht, indem er alle verordneten Opfer in seinem freiwilligen, sündlosen Opfer vollendete. Christus brachte das Opfer Gottes für uns und unser Opfer für Gott in sich selbst dar. Uns bleibt nur noch das Lob- und Dankopfer in Gebeten, Liedern und in einem Leben nach Gottes Geboten. So wird unser ganzes Leben zum Gottesdienst, zum Dankopfer. Zu solchem Dankopfer will sich Gott bekennen und dem Dankbaren sein Heil zeigen."

(Die Psalmen S. 47f – DBW 5,121f)

„Eines bitte ich vom HERRN, das hätte ich gerne: dass ich im Hause des HERRN bleiben könne mein Leben lang, zu schauen die schönen Gottesdienste des HERRN und seinen Tempel zu betrachten. Denn er deckt mich in seiner Hütte zur bösen Zeit, er birgt mich im Schutz seines Zeltes und erhöht mich auf einen Felsen. Und nun erhebt sich mein Haupt über meine Feinde, die um mich sind; so will ich opfern in seinem Zelt mit Jubel, ich will singen und Lob sagen dem HERRN. HERR, höre meine Stimme, wenn ich rufe; sei mir gnädig und antworte mir! Mein Herz hält dir vor dein Wort: ‚Ihr sollt mein Antlitz suchen.' Darum suche ich auch, HERR, dein Antlitz." (Ps 27,4-8)

Der Gottesdienst ist für Bonhoeffer die Feier der Gegenwart Gottes in seiner Gemeinde. Dank, Freude und Sehnsucht gegenüber Gott stehen dabei im Fokus.

Martin Luther hat bei der Einweihung des ersten reformatorischen Gotteshauses, der Torgauer Schlosskirche, im Oktober 1544 erklärt, was beim Gottesdienst passiert: *„Meine lieben Freunde! Wir wollen jetzt dieses neue Haus einsegnen und unserem Herrn Jesus Christus weihen […], dass darin nichts anderes geschehe, als dass unser lieber Herr selbst mit uns rede durch sein heiliges Wort und wir wiederum mit ihm reden durch Gebet und Lobgesang.“*[1] Im Wort „Gottesdienst“ stecken also beide Bewegungen drin: Gott dient uns und wir dienen Gott. Zuerst dient Gott uns: Er bückt sich zu uns herunter. Er predigt und tauft, lädt uns ein an seinen Tisch. Zu guter Letzt erfahren wir Gottes gütige Zuwendung im Segen. Aber auch das Zweite ist wichtig: Wir dienen Gott. Wir lassen uns Gottes freundliche Zuwendung gefallen und nehmen sie dankbar an. Wir bekennen unsere Schuld und damit, dass wir auf Gottes Erbarmen angewiesen sind. Wir bringen Gott unseren Dank und beten ihn an. Wir stehen in den Fürbitten für andere vor Gott ein. Dass Gott da ist und uns seine Gegenwart verheißt, ist Voraussetzung jedes Gottesdienstes: *„Wo zwei oder drei versammelt sind in meinem Namen, da bin ich mitten unter ihnen.“* (Mt 18,20) Das eigentliche Opfer, den vollkommenen Gottesdienst, hat Jesus Christus schon vollbracht: Er ist als „wahrer Mensch und wahrer Gott“ Gottes Opfer für uns und unser Opfer für Gott in einem. Daran denken wir, wenn wir Gottesdienst feiern und unser ganzes Leben als Gottesdienst verstehen.

» Welche Erwartungen habe ich an den Gottesdienst? Bin ich mir bewusst, dass Gott mir begegnet in Wort und Sakrament – und dass ich ihm begegnen darf?
» Dankbarkeit, Freude und Sehnsucht gegenüber Gott – wie

kann diese Haltung bei mir selbst und in der Gemeinde wachsen?

» Welche Rolle spielen Form-, Stil- und Gestaltungsfragen in meiner Gemeinde?

» Ich danke, dass Gott uns begegnet, wenn wir uns in seinem Namen versammeln.
» Ich bitte um leidenschaftliche Gottesdienste und Leidenschaft für den Gottesdienst.
» Ich bitte um Konzentration auf Gottes Gegenwart: Er dient uns; wir dienen ihm.

Tag 11
Gemeinschaft

„Es ist nichts Selbstverständliches für den Christen, dass er unter Christen leben darf. Jesus Christus lebte mitten unter seinen Feinden. Zuletzt verließen ihn alle Jünger. Am Kreuz war er ganz allein, umgeben von Übeltätern und Spöttern. [...] Es ist Gottes Gnade, dass sich eine Gemeinde in dieser Welt sichtbar um Gottes Wort und Sakrament versammeln darf. [...] Die leibliche Gegenwart anderer Christen ist dem Gläubigen eine Quelle unvergleichlicher Freude und Stärkung. [...] Christliche Gemeinschaft heißt Gemeinschaft durch Jesus Christus und in Jesus Christus. Es gibt keine christliche Gemeinschaft, die mehr, und keine, die weniger wäre als dieses. Von der kurzen einmaligen Begegnung bis zur langjährigen täglichen Gemeinschaft ist christliche Gemeinschaft nur dieses. Wir gehören einander allein durch und in Jesus Christus."

(Gemeinsames Leben S. 29 – DBW 5,15-18)

„Sie blieben aber beständig in der Lehre der Apostel und in der Gemeinschaft und im Brotbrechen und im Gebet. Es kam aber Furcht über alle, und es geschahen auch viele Wunder und Zeichen durch die Apostel. Alle aber, die gläubig geworden waren, waren beieinander und hatten alle Dinge gemeinsam. Sie verkauften Güter und Habe und teilten sie aus unter alle, je nachdem es einer nötig hatte. Und sie waren täglich einmütig beieinander im Tempel und brachen das Brot hier und dort in den Häusern, hielten die Mahlzeiten mit Freude und lauterem Herzen und lobten Gott und fanden Wohlwollen beim ganzen Volk. Der Herr aber fügte täglich zur Gemeinde hinzu, die gerettet wurden." (Apg 2,42-47)

1939 erschien Bonhoeffers Buch „Gemeinsames Leben", das schnell zum Klassiker wurde und bis heute die meisten Auflagen aller seiner Bücher erlebt hat. Darin schreibt er die Erfahrungen nieder, die er von 1935 bis 1937 als Leiter des Predigerseminars der Bekennenden Kirche in Finkenwalde/Pommern gesammelt hat. Hier begleitete und prägte er junge Theologen, die sich auf den Dienst als Pfarrer in den Gemeinden vorbereiteten. Es war Bonhoeffer besonders wichtig, dass auch gemeinsames geistliches Leben eingeübt wurde. Das alles geschah in der Zeit des „Kirchenkampfes", als sich Bonhoeffer mit anderen im Rahmen der Bekennenden Kirche gegen die Deutschen Christen und die Verfälschung des Glaubens wandte. Man kann es noch gut aus seinen Worten herauslesen, wie wichtig in dieser Zeit permanenter Auseinandersetzungen für die jungen Männer der gemeinsame Austausch mit Gleichgesinnten war, denn sie lebten tatsächlich „unter Feinden". Bonhoeffer macht dabei deutlich, dass geistliche und leibliche Gemeinschaft eng zusammengehören. Es tut einem Christen einfach gut, wenn da ein anderer neben ihm ist, der denselben Weg geht. Christliche Gemeinschaft hat ihre Begründung in Jesus Christus selbst. Christen verbindet nicht ein gemeinsames Hobby oder derselbe Geschmack, sondern zuerst der HERR. Und wenn Jesus der Klebstoff ist, der Christen zusammenhält, dann hilft das auch, Unterschiede zu ertragen, aneinander zu wachsen und zu reifen.

» Suche ich die Gemeinschaft anderer Christen oder bleibe ich lieber allein?
» Bin ich dankbar für die, die mit mir gemeinsam Jesus nachfolgen?
» Was kann ich mit anderen teilen (Zeit, Mahlzeiten, Geld …)?
» Traue ich es Jesus zu, dass er Brücken zwischen Menschen bauen kann?
» Welche meiner Beziehungen brauchen ein „Update" oder sogar Heilung?

- » Ich danke für meine Gemeinde und die Glaubensgeschwister.
- » Ich danke für den Frieden in unserem Land.
- » Ich bete für Gemeindeglieder, mit denen ich es schwer habe.
- » Ich bete für Christen, die mit ihrem Glauben allein stehen.
- » Ich bete für Menschen, die verfolgt werden, weil sie glauben.

Tag 12
Enttäuschungen

„Unzählige Male ist eine ganze christliche Gemeinschaft daran zerbrochen, dass sie aus einem Wunschbild heraus lebte. […] Es ist aber Gottes Gnade, die alle derartigen Träume rasch zum Scheitern bringt. Die große Enttäuschung über die Andern, über die Christen im Allgemeinen und, wenn es gut geht, auch über uns selbst, muss uns überwältigen, so gewiss Gott uns zur Erkenntnis echter christlicher Gemeinschaft führen will. […] Erst die Gemeinschaft, die in die große Enttäuschung hineingerät mit all ihren unerfreulichen und bösen Erscheinungen, fängt an zu sein, was sie vor Gott sein soll, fängt an, die ihr gegebene Verheißung im Glauben zu ergreifen. […] Wer seinen Traum von einer christlichen Gemeinschaft mehr liebt als die christliche Gemeinschaft selbst, der wird zum Zerstörer jeder christlichen Gemeinschaft, und ob er es persönlich noch so ehrlich, noch so ernsthaft und hingebend meinte. […] Weil Gott den einzigen Grund unserer Gemeinschaft schon gelegt hat, weil Gott uns längst, bevor wir in das gemeinsame Leben mit anderen Christen eintraten, mit diesen zu einem Leib zusammengeschlossen hat in Jesus Christus, darum treten wir nicht als die Fordernden, sondern als die Dankenden und Empfangenden in das gemeinsame Leben mit anderen Christen ein."

(Gemeinsames Leben S. 38f – DBW 5,23f)

„Von da an wandten sich viele seiner Jünger ab und gingen hinfort nicht mehr mit ihm. Da sprach Jesus zu den Zwölfen: Wollt ihr auch weggehen? Da antwortete ihm Simon Petrus: Herr, wohin sollen wir gehen? Du hast Worte des ewigen Lebens; und wir haben geglaubt und erkannt: Du bist der Heilige Gottes.“ (Joh 6,66-69)

Gestern haben wir darüber nachgedacht, wie wichtig das Leben in Gemeinschaft mit anderen Christen ist. Bonhoeffer war aber nicht so blauäugig, gemeinsames Leben durch die rosarote Brille zu sehen. Er kannte auch die Enttäuschungen, die damit verbunden sind – nicht zuletzt aus den Jahren in Finkenwalde.

Bonhoeffer ist realistisch und weiß, was jeder Ehepartner und jedes Mitglied eines Hauskreises erfährt: Enttäuschungen sind unausweichlich und gehören dazu, wenn Menschen nahe zusammenkommen. Er sieht in der Krise aber keine Katastrophe, sondern eine große Chance. Wenn menschliche Träume und Wünsche zerbrechen, kann eine tiefe Form von Gemeinschaft entstehen, die sich auf den Glauben an Jesus Christus gründet. Dazu ist es aber nötig, dass man nicht wegläuft, sondern bleibt. An einer anderen Stelle schreibt Bonhoeffer: *„Ein Christ kommt zum andern nur durch Jesus Christus. Unter den Menschen ist Streit.“* (DBW 5, 20) Jesus Christus ist sozusagen der Mittler, der in den Riss tritt, wenn sich zwischen zwei Menschen ein Graben aufgetan hat. Wenn eine Gemeinschaft oder eine Beziehung in eine Krise gerät, dann zeigt sich, ob die Enttäuschten noch mehr sehen als ihre zerbrochenen Erwartungen und Träume. Bonhoeffer ist davon überzeugt, dass christliche Gemeinschaft keinen Bestand haben wird, wenn sie sich nur auf der zwischenmenschlichen Ebene abspielt. Wenn sie sich aber immer wieder um Jesus Christus herum sammelt, sich auf ihn hin ausrichtet und ehrlich voreinander wird, dann wird sie nach innen und nach außen wachsen. Dabei ist es wichtig, dankbar zu sein, Unterschiede auszuhalten, Vergebung zu empfangen bzw. auszusprechen und gegenseitige Schwäche zu ertragen. Denn christliche Gemeinde ist nie „meine“ Gemeinde, sondern immer die Gemeinde Jesu Christi. Er hat Menschen schon zusammengestellt, bevor sie sich entdecken.

» Wo bin ich enttäuscht von meiner Gemeinde oder anderen Christen?
» Sind meine Wünsche an Gemeinschaft durch die Bibel gedeckt?
» Wie kann ich meine Träume von Gott korrigieren lassen?

- » Was bedeutet es, dass Jesus der tiefste Grund christlicher Gemeinschaft ist?
- » Kann ich dankbar sein für die Gemeinde oder die Gemeinschaft, in der ich lebe?

- » Ich danke für die Christen, mit denen ich gemeinsam leben darf.
- » Ich danke für Jesus, der unterschiedlichste Menschen um sich herum sammelt.
- » Ich bete für Menschen, von denen ich enttäuscht worden bin.
- » Ich bete um Geduld für Menschen, mit denen ich es schwer habe.

Tag 13
Dankbarkeit

„Es geht in der christlichen Gemeinschaft mit dem Danken wie sonst im christlichen Leben. Nur wer für das Geringe dankt, empfängt auch das Große. Wir hindern Gott, uns die großen geistlichen Gaben, die er für uns bereitet hat, zu schenken, weil wir für die täglichen Gaben nicht danken. Wir meinen, wir dürften uns mit dem kleinen Maß uns geschenkter geistlicher Erkenntnis, Erfahrung, Liebe nicht zufrieden geben und hätten immer nur begehrlich nach den großen Gaben auszuschauen. Wir beklagen uns dann darüber, dass es uns an der großen Gewissheit, an dem starken Glauben, an der reichen Erfahrung fehle, die Gott doch andern Christen geschenkt habe, und wir halten diese Beschwerden für fromm. Wir beten um die großen Dinge und vergessen, für die täglichen, kleinen (und doch wahrhaftig nicht kleinen!) Gaben zu danken. Wie kann aber Gott dem Großes anvertrauen, der das Geringe nicht dankbar aus seiner Hand nehmen will? Danken wir nicht täglich für die christliche Gemeinschaft, in die wir gestellt sind, auch dort, wo keine große Erfahrung, kein spürbarer Reichtum, sondern wo viel Schwäche, Kleinglauben, Schwierigkeit ist, beklagen wir uns vielmehr bei Gott immer nur darüber, dass alles noch so armselig, so gering ist, so gar nicht dem entspricht, was wir erwartet haben, so hindern wir Gott, unsere Gemeinschaft wachsen zu lassen nach dem Maß und Reichtum, der in Jesus Christus für uns alle bereitliegt.[...] Wer an einer christlichen Gemeinschaft, in die er gestellt ist, irre wird und Anklage gegen sie erhebt, der prüfe sich zuerst, ob es nicht eben nur sein

Wunschbild ist, das ihm hier von Gott zerschlagen werden soll, und finde er es so, dann danke er Gott, der ihn in diese Not geführt hat."

(Gemeinsames Leben S. 41f – DBW 5,25f)

„Und der Friede Christi, zu dem ihr berufen seid in einem Leibe, regiere in euren Herzen; und seid dankbar. Lasst das Wort Christi reichlich unter euch wohnen: Lehrt und ermahnt einander in aller Weisheit; mit Psalmen, Lobgesängen und geistlichen Liedern singt Gott dankbar in euren Herzen. Und alles, was ihr tut mit Worten und mit Werken, das tut alles im Namen des Herrn Jesus und dankt Gott, dem Vater, durch ihn." (Kol 3,15-17)

Ein altes Sprichwort lautet: „Danken schützt vor Wanken und Loben zieht nach oben." Dankbarkeit ist wie ein positives Vorzeichen, an dem sich nicht nur in der Mathematik, sondern auch im Leben alles entscheidet. Wer bereits für das Kleine, Unvollkommene dankbar sein kann und es nicht verachtet, der wird sich auch am Größeren erfreuen können. Das gilt nach Bonhoeffer für die geistlichen Gaben und auch für die christliche Gemeinschaft. Wer sich an kleinen Fortschritten, aufkeimendem Glauben und den täglichen Alltagswundern erfreut und nicht immer neidvoll vergleichend auf das Besondere bei anderen schaut, der lebt aus einer dankbaren Grundhaltung gegenüber dem Geber aller Gaben, die sein Herz aufnahmebereit macht auch für Größeres. Das gilt nicht nur im Blick darauf, wie ich mich und andere sehe, sondern auch für meine Sicht von Gemeinde. Auch da kann man in eine Haltung verfallen, die nur das Defizitäre sieht. Leicht wird man oberflächlich und unzufrieden. Gefangen in einer Negativspirale sieht man das Wachstum nicht mehr, das Gott schenkt. Für Bonhoeffer waren das nicht nur theoretische Spielereien. Vor allem in den Jahren 1936/37 hat er sich in seiner Finkenwalder Zeit ernsthaft mit der Herausforderung „toter Gemeinden" beschäftigt und in Vorlesungen und Briefen konkrete, praktische Hinweise gegeben. Wenn er hier dennoch zu einer dankbaren Haltung ermutigt, dann ist das mehr als Zweckoptimismus und schon gar keine Blindheit, sondern eine geistliche Grundhaltung, die den Reichtum Gottes vor Augen hat.

» Bin ich dankbar für die Gaben und Möglichkeiten, die Gott mir schenkt?
» Sehe ich auch das wachsende Kleine oder bin ich nur auf Großes fixiert?
» Lebe ich achtsam im Jetzt oder bin ich immer nur auf der „Durchreise“?
» Wie denke ich über meine Gemeinde? Sehe ich nur die Defizite und das Negative oder kann ich mich auch ehrlich an dem freuen, was gut ist?

» Ich danke für meine Gaben, die Schätze in der Gemeinde und Gottes Wirken.
» Ich bitte um Aufmerksamkeit für bereits Gewachsenes und ein dankbares Herz.

Tag 14
Taufe

„Taufe ist nicht Angebot des Menschen, sondern Angebot Jesu Christi. Sie ist allein begründet in dem gnädigen berufenden Willen Jesu Christi. Taufe heißt Getauftwerden, sie ist ein Erleiden des Rufes Christi. Der Mensch wird in ihr Eigentum Christi. […] Er ist der Herrschaft der Welt entrissen und ist Christi Eigentum geworden. So bedeutet die Taufe einen Bruch. Christus greift in den Machtbereich des Satans ein und legt seine Hand auf die Seinen, schafft sich seine Gemeinde. […] Wer getauft ist, gehört nicht mehr der Welt, dient ihr nicht mehr, ist ihr nicht mehr unterworfen. Er gehört Christus allein an und verhält sich zur Welt nur durch Christus. Der Bruch mit der Welt ist ein vollkommener. Er fordert und bewirkt den Tod des Menschen. In der Taufe stirbt der Mensch mit seiner alten Welt. […] Der Tod der Taufe ist die Rechtfertigung von der Sünde. Der Sünder muss sterben, um von seiner Sünde frei zu werden. […] An den Toten hat die Sünde kein Recht mehr, ihre Forderung ist mit dem Tod beglichen und erloschen. […] Die Taufe und ihre Gabe ist etwas Einmaliges. Mit der Taufe Christi kann keiner zweimal getauft werden. […] Wie Christus ein für alle Mal starb und wie es keine Wiederholung seines Opfers gibt, so erleidet der Getaufte mit Christus ein für alle Mal seinen Tod. Nun ist er gestorben. Das tägliche Absterben des Christen ist nur noch die Folge des einen Tauftodes, wie der Baum abstirbt, dem die Wurzel abgeschnitten ist. […] Für die Kindertaufe heißt das, dass die Taufe nur dort erteilt werden kann, wo die erinnernde Wiederholung des Glaubens an die ein für alle Mal vollbrachte Heilstat gewährleistet werden kann, d. h. aber in einer lebendigen Gemeinde. Kindertaufe ohne Gemeinde ist nicht nur Missbrauch des Sakraments, sondern zugleich verwerflicher Leichtsinn im Umgang mit dem Seelenheil der Kinder; denn die Taufe bleibt unwiederholbar."

(Nachfolge S. 224-229 – DBW 4,221-226)

„Oder wisst ihr nicht, dass alle, die wir auf Christus Jesus getauft sind, die sind in seinen Tod getauft? So sind wir ja mit ihm begraben durch die Taufe in den Tod, auf dass, wie Christus auferweckt ist von den Toten durch die Herrlichkeit des Vatters, so auch wir in einem neuen Leben wandeln. [...] Wir wissen ja, dass unser alter Mensch mit ihm gekreuzigt ist, damit der Leib der Sünde vernichtet werde, sodass wir hinfort der Sünde nicht dienen." (Röm 6,3f.6)

Bereits in seiner Doktorarbeit „Sanctorum Communio" bedenkt Bonhoeffer das Thema „Taufe", konkret auch die Kindertaufe: Gott handelt in der Taufe am Kind, das gleichzeitig auch Teil der Gemeinde wird. Da die Gemeinde ihre unmündigen Kinder wie eine Mutter trägt, ist es wichtig, dass diese einen Bezug zum Leben der Gemeinde haben. Ist die Bindung allgemein stark, kann man noch von Volkskirche, anderenfalls muss man von Missionskirche reden (DBW 1, 164f). In seiner „Nachfolge" nimmt Bonhoeffer das Thema mit neuen Akzenten wieder auf. Dabei begründet er die Taufe wieder im Handeln Gottes, der einen Menschen an sich bindet und ihn als Eigentum beansprucht. Während die Evangelisten die Jünger als Nachfolger Jesu zeigen, entspricht dem bei Paulus die Beziehung eines Täuflings zu Jesus. Ein Getaufter ist berufen, als Jünger Jesu zu leben und ihm nachzufolgen. Bonhoeffer bezieht sich hier sehr darauf, wie Paulus im 6. Kapitel des Römerbriefes Taufe versteht: Während eine „bürgerliche" Taufpraxis eher bestätigend mit der Taufe Schutz und Segen Gottes verbindet, betont er eher herausfordernd das Sterben und Auferstehen mit Christus. Ist Taufe Verbindung mit Christus, so bedeutet das auch einen Bruch mit der Welt und nicht weniger als einen Herrschaftswechsel, ein Herausgerissenwerden aus dem Machtbereich des Satans und der Sünde. Bonhoeffer versteht das mit Paulus als ein „Erleiden". Dieser „Zumutung" entspricht aber auch ein „Zugehören": Mit Luther kann ein Täufling sagen: „Ich bin getauft!" – und Trost in der Anfechtung erleben.

» Welchen Akzent hat die Taufpraxis in unseren Kirchen? Ist sie vorwiegend bestätigend oder auch herausfordernd?
» Verstehe ich meine Taufe als Ruf Jesu in Nachfolge und Jüngerschaft hinein?
» Was bedeutet es konkret, dass ich als getaufter Christ jeden Tag selbst sterbe und mit Jesus Christus auferstehe? Wo soll er mein Leben stärker prägen?

» Ich danke, dass ich durch die Taufe zu Jesus Christus gehöre und berufen bin, in dieser Beziehung zu leben und ihm nachzufolgen.
» Ich bitte, dass Gott mir konkret zeigt, wo meine Bindungen, Vorstellungen und Lebensentwürfe getrost sterben dürfen und mit ihm Neues entstehen kann.

Tag 15
Beichten

„Der Bruder steht vor uns als das Zeichen der Wahrheit und der Gnade Gottes. Er ist uns zur Hilfe gegeben. Er hört unser Sündenbekenntnis an Christi statt, und er vergibt uns unsere Sünde an Christi statt. Er bewahrt das Geheimnis unserer Beichte, wie Gott es bewahrt. Gehe ich zur brüderlichen Beichte, so gehe ich zu Gott. [...] In der Beichte geschieht der *Durchbruch zur Gemeinschaft*. Die Sünde will mit dem Menschen allein sein. Sie entzieht ihn der Gemeinschaft. Je einsamer der Mensch wird, desto zerstörender wird die Macht der Sünde über ihn, und je tiefer wieder die Verstrickung, desto heilloser die Einsamkeit. Sünde will unerkannt bleiben. Sie scheut das Licht. Im Dunkel des Unausgesprochenen vergiftet sie das ganze Wesen des Menschen. Das kann mitten in der frommen Gemeinschaft geschehen. In der Beichte bricht das Licht des Evangeliums in die Finsternis und Verschlossenheit des Herzens hinein. Die Sünde muss ans Licht. Das Unausgesprochene wird offen gesagt und bekannt. Alles Heimliche und Verborgene kommt nun an den Tag. Es ist ein harter Kampf, bis die Sünde im Geständnis über die Lippen kommt. [...] Indem das Sündenbekenntnis im Angesicht des christlichen Bruders geschieht, wird die letzte Festung der Selbstrechtfertigung preisgegeben. Der Sünder liefert sich aus, er gibt all sein Böses hin, er gibt sein Herz Gott, und er findet die Vergebung aller seiner Sünde in der Gemeinschaft Jesu Christi und des Bruders. Die ausgesprochene, bekannte Sünde hat alle Macht verloren. Sie ist als Sünde offenbar geworden und gerichtet. Sie vermag die Gemeinschaft nicht mehr zu zerreißen."

(Gemeinsames Leben S. 124f – DBW 5,94f)

„Bekennt also einander eure Sünden und betet füreinander, dass ihr gesund werdet." (Jak 5,16a)

Die Wiederentdeckung der Praxis der Einzelbeichte in der evangelischen Kirche seit dem Ende des Zweiten Weltkriegs ist untrennbar mit Dietrich Bonhoeffer verbunden. Die Gedanken in seinem Buch „Gemeinsames Leben" gehen dabei wieder auf seine Erfahrungen als Leiter eines Predigerseminars (1935-37) zurück.

In Finkenwalde war es üblich, dass die jungen Theologen

voreinander beichteten – auch Bonhoeffer selbst machte da keine Ausnahme. Das war damals eine geradezu revolutionäre Praxis. Als sie sich nach und nach etabliert hatte, prägte das die Gemeinschaft entscheidend. Bonhoeffers Verständnis der Beichte knüpft stark an Martin Luther an, indem er die Schwerpunkte im Bekenntnis konkreter Sünden und im Freisprechen davon durch den Beichthörer sah. Ein besonderer Akzent bei Bonhoeffer ist, dass grundsätzlich jeder Christ Beichthörer sein kann – vorausgesetzt, er kann über das Gehörte schweigen. Die Form eines Beichtgesprächs muss keine liturgisch geprägte sein – als Beichtspiegel empfiehlt er die Zehn Gebote. Dabei ist die Beichte immer ein freiwilliges Angebot – kein schweres Gesetz, sondern ein Geschenk, das eine tiefe Freude mit sich bringen kann. Der Beichthörer steht an der Stelle Jesu Christi. Die Vergebung, die er zuspricht, spricht er von Christus her zu. Wer beichtet, wird damit aus seiner Isolation befreit – indem die Sünde ans Licht kommt und ihre Macht gebrochen ist, wird auch die Gemeinschaft der Sünder gestärkt.

» Löst der Gedanke ans Beichten eher Beklemmung oder Freude in mir aus?
» Glaubensgeschwister als Beichthörer – wie denke ich darüber?
» Habe ich schon einmal gute Erfahrungen mit der Beichte gemacht?

» Ich danke für das Geschenk der Beichte und der Vergebung durch Gott.
» Ich danke für die Glaubensgeschwister, vor denen ich offen sein kann.
» Ich bitte um Selbst- und Sündenerkenntnis: Wo bin ich schuldig geworden?
» Ich bitte um Mut, mit meinen Sünden nicht allein im Dunkel zu bleiben.
» Ich bete für eine seelsorgerliche und beichtende Gemeinde.

Tag 16
Abendmahl

„Der Tag des Abendmahls ist für die christliche Gemeinschaft ein Freudentag. Im Herzen versöhnt mit Gott und den Brüdern empfängt die Gemeinde die Gabe des Leibes und Blutes Jesu Christi und in ihr Vergebung, neues Leben und Seligkeit. Neue Gemeinschaft mit Gott und den Menschen ist ihr geschenkt. Die Gemeinschaft des heiligen Abendmahls ist die Erfüllung der christlichen Gemeinschaft überhaupt. So wie die Glieder der Gemeinde vereinigt sind in Leib und Blut am Tische des Herrn, so werden sie in Ewigkeit beieinander sein. Hier ist die Gemeinschaft am Ziel. Hier ist die Freude an Christus und seiner Gemeinde vollkommen. Das gemeinsame Leben der Christen unter dem Wort ist im Sakrament zu seiner Erfüllung gekommen."

(Gemeinsames Leben S. 134 – DBW 5,102)

„Der Herr Jesus, in der Nacht, da er verraten ward, nahm er das Brot, dankte und brach's und sprach: Das ist mein Leib für euch; das tut zu meinem Gedächtnis. Desgleichen nahm er auch den Kelch nach dem Mahl und sprach: Dieser Kelch ist der neue Bund in meinem Blut; das tut, sooft ihr daraus trinkt, zu meinem Gedächtnis. Denn sooft ihr von diesem Brot esst und von dem Kelch trinkt, verkündigt ihr den Tod des Herrn, bis er kommt.“ (1Kor 11,23b-26)

Bonhoeffers Gedanken über das Abendmahl bilden den Abschluss seines Buches „Gemeinsames Leben“. Das ist kein Zufall, denn Bonhoeffer ist der Überzeugung, dass eine christliche Gemeinschaft hier am Ziel angekommen ist, um am Tisch des Herrn ihn selbst zu empfangen. Von den verschiedenen Dimensionen des Abendmahls (Erinnerung, Vergebung, Danksagung, Stärkung, Befähigung, Gemeinschaft, Hoffnung) betont Bonhoeffer vor allem die neue Gemeinschaft mit Gott und Menschen, die Vergebung der Sünden und die Hoffnung auf die ewige Gemeinschaft der glaubenden Gemeinde mit Gott. Wie schon bei der Beichte wird betont, dass es sich um ein freudiges Ereignis handelt. Überhaupt spricht Bonhoeffer von Beichte und Abendmahl im engen Zusammenhang – wobei der Beichte auch als Vorbereitung auf das Abendmahl wichtige Bedeutung zukommt. Bonhoeffer geht davon aus, dass alle, die an den Tisch des Herrn treten, zuvor die Versöhnung mit Gott und Mitmenschen sowie die Vergebung ihrer Sünden suchen. Bei der Feier des Abendmahls werden die Elemente von Brot und Wein unter dem Sprechen von Gottes Wort zum Sakrament des Leibes und Blutes Jesu Christi. Wer das Abendmahl gereicht bekommt, hört und empfängt somit den lebendigen Herrn. Jesus selbst spricht und tut etwas. So nimmt Bonhoeffer in einer „Theologischen Besinnung zum Heiligen Abendmahl" vom Februar 1940 (DBW 15,548-553) das Abendmahl als Beispiel dafür, dass in der Kirche nichts anderes geschehen und gelten soll als das, was Jesus gesagt und getan hat.

» Verstehe ich das Abendmahl als „gemeinschaftsstiftende Maßnahme"?
» In welcher Haltung und Erwartung empfange ich das Abendmahl?
» Wie empfinde ich die Gestaltung der Abendmahlsfeier in meiner Gemeinde?
» Haben Beichte und Abendmahl für mich einen inneren Zusammenhang? Wie kommt er zum Ausdruck?

» Ich danke dafür, dass Jesus Christus uns im Abendmahl begegnet.
» Ich danke dafür, dass wir als Christen alles Wichtige von Gott empfangen.
» Ich danke für die Christen, mit denen ich gemeinsam am Tisch des Herrn stehe.
» Ich bitte um eine tiefere geistliche Sicht auf das Abendmahl.
» Ich bitte, dass die Gemeinschaft von Christen, in der ich lebe, durch das Abendmahl gestärkt wird.

Tag 17
Singen

„‚Singet dem Herrn ein neues Lied‘, ruft uns der Psalter immer wieder zu. Es ist das an jedem Morgen neue Christuslied, das die Hausgemeinschaft in der Frühe anstimmt, das neue Lied, das von der ganzen Gemeinde Gottes auf Erden und im Himmel gesungen wird und das wir mitzusingen berufen sind. Ein einziges großes Loblied hat Gott sich in Ewigkeit bereitet, und wer zur Gemeinde Gottes hinzutritt, der stimmt in dieses Lied mit ein. [...] Der dreieinige Gott und sein Werk ist es, was hier gepriesen wird. Anders klingt dieses Lied auf Erden und anders im Himmel. Auf Erden ist es das Lied der Glaubenden, im Himmel das Lied der Schauenden, auf Erden ist es ein Lied in armen Menschenworten, im Himmel sind es ‚unaussprechliche Worte, die kein Mensch sagen kann‘ (2Kor 12,4). [...] Das neue Lied wird zuerst im Herzen gesungen. Anders kann es gar nicht gesungen werden. Das Herz singt, weil es von Christus erfüllt ist. Darum ist alles Singen in der Gemeinde ein geistliches Ding. [...] Wo das Herz nicht mitsingt, dort gibt es nur das greuliche Durcheinander menschlichen Selbstruhms. Wo nicht dem Herrn gesungen wird, dort singt man sich selbst oder der Musik zur Ehre. So wird das neue Lied zum Götzenlied. [...] Es ist die Stimme der Kirche, die im gemeinsamen Singen hörbar wird. Nicht ich singe, sondern die Kirche singt, aber ich darf als Glied der Kirche an ihrem Liede teilhaben. So muss alles rechte gemeinsame Singen dazu dienen, dass der geistliche Blick sich weitet, dass wir unsere kleine Gemeinschaft als Glied der großen Christenheit auf Erden erkennen, dass wir uns willig und freudig mit unserem schwachen oder guten Gesang einordnen in das Lied der Kirche."

(Gemeinsames Leben S. 70-74 – DBW 5,49-53)

„Damals sangen Mose und die Israeliten dies Lied dem HERRN und sprachen: Ich will dem HERRN singen, denn er ist hoch erhaben; Ross und Reiter hat er ins Meer gestürzt. Der HERR ist meine Stärke und mein Lobgesang und ist mein Heil. Das ist mein Gott, ich will ihn preisen, er ist meines Vaters Gott, ich will ihn erheben." (2Mo 15,1-2)

Musik spielte in Dietrich Bonhoeffers Leben allgemein eine große Rolle: Er war ein begnadeter Klavierspieler, der mit zehn Jahren Sonaten von Mozart darbieten konnte. Die musikalischen Hausabende mit der Familie prägten seine Kindheit und

Jugendzeit. Mit der Musik hatte er bereits vor der Theologie ein Gebiet entdeckt, auf dem er seine ebenfalls sehr begabten Geschwister noch überflügeln konnte. Eine Zeit lang überlegten die Bonhoeffers sogar, ob sich Dietrich ganz der Musik verschreiben könnte. Sein Flügel begleitete ihn selbst nach London und Finkenwalde. Den Genuss seiner großen Schallplattensammlung hat er gern mit anderen geteilt. In New York war er fasziniert von amerikanischer Gospelmusik. Bonhoeffer musizierte gern selbst und entdeckte auch mit Freude Neues.

Bei aller Begeisterung für Musik allgemein betonte er aber auch, dass die Musik eine Gabe Gottes ist und somit eine wichtige geistliche Bedeutung hat. Das Singen zum Lob Gottes war für ihn eine Lebenshaltung, die unsere gesamte Existenz bestimmen soll. Dabei hat er immer die Gemeinschaft der singenden Gemeinde im Blick. Was hier auf Erden gesungen wird, ist – wie beim Gottesdienst allgemein – nichts anderes als eine Teilhabe am himmlischen Lobgesang. Als Einzelner und als Gemeinde produzieren wir genau genommen keine Loblieder, sondern klinken uns in sie ein. So erklingt das Lob zur Ehre Gottes durch die Jahrhunderte und will unser Leben und unsere Haltung prägen. Gottes Geist erfüllt menschliche Herzen mit Lob, das dann nach außen dringt. Bonhoeffer kann unterscheiden, ob man sich selbst, der Musik oder Gott zur Ehre singt.

» Welche Rolle spielen Musik und Singen in meinem Leben? Welche Erfahrungen mit gemeinsamem Lob Gottes habe ich in der Gemeinde gemacht?
» Könnte Bonhoeffers Argumentation und Betonung von Lobpreis als „Herzensangelegenheit“ manche Diskussion um Stilfragen in Gemeinden entspannen?

- Ich danke für die großartige Gabe der Musik und des Singens.
- Ich danke für den Lobpreis Gottes im Himmel, an dem wir hier teilhaben dürfen.
- Ich bitte, dass Gott meiner Kirche oder Gemeinde schenkt, ihn vielfältig zu loben.
- Ich bitte um ein starkes, authentisches, geist-erfülltes und vielstimmiges „Lied der Kirche“.

Tag 18
Schweigen

„Das Merkmal der Einsamkeit ist das Schweigen, wie das Wort das Merkmal der Gemeinschaft ist. Schweigen und Wort stehen in derselben inneren Verbundenheit und Unterschiedenheit wie Alleinsein und Gemeinschaft. Es gibt eines nicht ohne das andere. Das rechte Wort kommt aus dem Schweigen, und das rechte Schweigen kommt aus dem Wort. Wie es am Tage des Christen bestimmte Stunden für das Wort gibt, besonders die gemeinsame Andachts- und Gebetszeit, so braucht der Tag auch bestimmte Zeiten des Schweigens unter dem Wort und aus dem Wort. Das werden vor allem die Zeiten vor und nach dem Hören des Wortes sein. Das Wort kommt nicht zu den Lärmenden, sondern zu den Schweigenden. Die Stille des Tempels ist das Zeichen der heiligen Gegenwart Gottes in seinem Wort. [...] Wir schweigen am frühen Morgen des Tages, weil Gott das erste Wort haben soll, und wir schweigen vor dem Schlafengehen, weil Gott auch das letzte Wort gehört. [...] Schweigen heißt schließlich nichts anderes als auf Gottes Wort warten und von Gottes Wort gesegnet herkommen. Dass dies aber nötig ist zu lernen in einer Zeit, in der das Gerede überhandgenommen hat, das weiß jeder von sich selbst. [...] Es wird aber das Schweigen vor dem Wort sich auswirken auf den ganzen Tag. Haben wir vor dem Wort schweigen gelernt, so werden wir mit Schweigen und Reden auch am Tag haushalten lernen. [...] Es liegt im Stillesein eine wunderbare Macht der Klärung, der Reinigung, der Sammlung auf das Wesentliche. Das ist schon eine rein profane Tatsache. Das Schweigen vor dem Wort aber führt zum rechten Hören und damit auch zum rechten Reden des Wortes Gottes zur rechten Stunde. Viel Unnötiges bleibt ungesagt. Das Wesentliche und Hilfreiche aber kann in wenigen Worten gesagt sein."

(Gemeinsames Leben S. 91f – DBW 5,67f)

„Befiehl dem HERRN deine Wege und hoffe auf ihn, er wird's wohl machen und wird deine Gerechtigkeit heraufführen wie das Licht und dein Recht wie den Mittag. Sei stille dem HERRN und warte auf ihn." (Ps 37,5-7a)

In Bonhoeffers Buch „Gemeinsames Leben" folgen nach dem Eingangskapitel mit der Überschrift „Gemeinschaft" zwei Teile mit den Titeln „Der gemeinsame Tag" und „Der einsame

Tag". Im letztgenannten Abschnitt kommt Bonhoeffer auch auf das Schweigen zu sprechen. Davon geht eine große Kraft aus, denn Schweigen bedeutet nun nicht, einfach still zu sein, sondern eine Haltung innerer und äußerer Konzentration, eine Ausrichtung auf Gottes Wort hin einzunehmen. Solches qualifiziertes Schweigen ist wiederum gelebte Rechtfertigung – Bonhoeffer macht deutlich, dass Christen zuerst aus dem leben, was sie von Gott empfangen. Das ist kein Aufruf zur Untätigkeit, aber die Einsicht, dass aus dem Innehalten vor Gott die Kraft und Ausrüstung kommt, die für das rechte Reden und Tun notwendig ist.

Somit geht es Bonhoeffer nicht um eine Alternative nach dem Motto: „Reden ist Silber, Schweigen ist Gold." Er weist vielmehr hin auf die Wechselwirkung von Schweigen, Hören und Reden. Im Finkenwalder Predigerseminar wurde morgens und abends geschwiegen. Nach der Stille der Nacht schwiegen die Vikare bis zur Morgenandacht, da Gottes Wort das erste sein sollte, was an jedem Tag zur Sprache kam. Nach dem Frühstück folgte dann wiederum eine Zeit des Schweigens, in der ein Bibeltext still meditiert wurde. Der Abendandacht sollten dann die letzten Worte des Tages vor der Stille der Nacht gehören.

» Welche Erfahrungen habe ich bisher mit bewussten Zeiten der Stille gemacht?
» (Wie) können Bonhoeffers Anregungen auch außerhalb der besonderen Finkenwalder Situation angewendet werden?
» Habe ich die Erwartung, Gott zu begegnen, wenn ich schweige und mich in der Stille mit Gottes Wort beschäftige?

- » Ich danke für die Stille, in der Gott verheißen hat, zu uns zu sprechen.
- » Ich bitte um innere Ruhe, wenn ich bewusst die Stille suche und schweige.
- » Ich bitte um einen Lebensstil, der auf die Wechselwirkung von Schweigen und Reden, von Hören und Tun ausgerichtet ist.

Tag 19
Feinde

„Der Feind ist im Neuen Testament immer der, der mir feindlich ist. Mit einem, dem der Jünger Feind sein könnte, rechnet Jesus gar nicht. Dem Feind aber soll zukommen, was dem Bruder zukommt, die Liebe des Nachfolgers Jesu. Das Handeln des Jüngers soll nicht bestimmt sein durch das Handeln der Menschen, sondern durch das Handeln Jesu an ihm. Es hat darum nur eine Quelle, den Willen Jesu. Vom Feind ist die Rede, also von dem, der Feind bleibt, ungerührt von meiner Liebe; der mir nichts vergibt, wenn ich ihm alles vergebe; der mich hasst, wenn ich ihn liebe; der mich umso mehr schmäht, je ernster ich ihm diene. [...] Sei es der politische, sei es der religiöse Feind, er hat von dem Nachfolger Jesu nichts zu erwarten als ungeteilte Liebe. Keinen Zwiespalt kennt diese Liebe auch in mir selbst, zwischen mir als Privatperson und als Amtsperson. Ich kann doch in beiden nur eines sein, oder ich bin es überhaupt nicht, nämlich Nachfolger Jesu Christi. [...] Jesus verheißt uns nicht, dass uns der Feind, den wir lieben, den wir segnen, dem wir wohltun, nicht beleidigen und verfolgen werde. Er wird es tun. Aber auch hierin kann er uns nicht schaden und überwinden, wenn wir den letzten Schritt zu ihm tun in fürbittendem Gebet. Nun nehmen wir seine Not und Armut, seine Schuld und Verlorenheit mit auf uns, treten vor Gott für ihn ein. Wir tun stellvertretend für ihn, was er nicht tun kann. [...] Vor dem Kreuzesweg Jesu Christi aber erkennen auch die Jünger, dass sie selbst unter den Feinden Jesu Christi waren, die von seiner Liebe überwunden wurden. Diese Liebe macht den Jünger sehend, dass er im Feind den Bruder erkennt, dass er an ihm handelt wie an seinem Bruder. Warum? Weil er ja selbst allein aus der Liebe dessen lebt, der an ihm gehandelt hat wie an einem Bruder, der ihn als seinen Feind annahm und in seine Gemeinschaft zog wie seinen Nächsten."

(Nachfolge S. 147-150 – DBW 4,142-144)

„Ihr habt gehört, dass gesagt ist: ‚Du sollst deinen Nächsten lieben' (3Mo 19,18) und deinen Feind hassen. Ich aber sage euch: Liebt eure Feinde und bittet für die, die euch verfolgen, auf dass ihr Kinder seid eures Vaters im Himmel. Denn er lässt seine Sonne aufgehen über Böse und Gute und lässt regnen über Gerechte und Ungerechte." (Mt 5,43-45)

Feinde waren für Bonhoeffer und seine Freunde in den Jahren des „Kirchenkampfes“ vor allem die Anhänger der 1932 gegründeten „Glaubensbewegung Deutsche Christen“. Sie waren zugleich Bonhoeffers religiöse und politische Gegner, da sie die nationalsozialistische Ideologie in der evangelischen Kirche salonfähig machen wollten. Wie ist Bonhoeffer mit diesen Feinden umgegangen? Er selbst hat ihre Feindschaft in Form von Benachteiligungen deutlich zu spüren bekommen, sich seinerseits aber ausschließlich sachlich mit ihnen auseinandergesetzt. So kritisierte er bereits im August 1933 den Antisemitismus und die kirchliche Übernahme des staatlichen Arierparagrafen aufs Schärfste.

Die Feindesliebe bezeichnet Bonhoeffer im Anschluss an eine Formulierung in Mt 5,47 als das „Außerordentliche“, das Besondere des Christseins. Im Einklang mit einschlägigen Bibelkommentaren betont er, dass es im Alten Testament nirgends ein Gebot zum Feindeshass gibt, und bezieht dieses Wort Jesu auf die *„Feindschaft des Gottesvolkes gegen die Welt.“* (DBW 4,141) Einen Sieg über den Feind hält Bonhoeffer zuletzt nur in der Feindesliebe für möglich. Das wiederum widerstrebt dem natürlichen menschlichen Instinkt, der auf Hass und Rache sinnt. Entscheidend ist aber der Bezugspunkt: Wenn Jesus die Liebe zum Feind gebietet und ich mich allein daran orientiere, dann ist sie schlicht und einfach gesetzt. Sie ist dann als radikalisierte Nächstenliebe unabhängig davon, ob der Nächste mein Freund oder Feind ist. Sie ist auch unabhängig davon, ob der Feind auf meine Zuwendung hin sein Verhalten mir gegenüber ändert oder nicht. Ja, sie ist sogar unabhängig davon, ob ich mich danach fühle, vergeben zu können, oder nicht. Während der fortdauernden nationalsozialistischen Schreckensherrschaft hat sich Bonhoeffer später mit der Frage auseinandergesetzt, ob eine gewaltsame Beseitigung des Feindes bis hin zum „Tyrannenmord“ ethisch zu rechtfertigen sei. Durchgängig hat er dabei darauf hingewiesen, dass eine solche „letzte Option" dennoch Schuld vor Gott darstellt, und damit das grundsätzliche Gebot der Feindesliebe gerade nicht ausgehebelt.

Die tiefste Begründung für die Feindesliebe sieht Bonhoeffer im Weg Jesu Christi: Jesus tritt durch seinen Tod am Kreuz erlösend für uns ein, nimmt uns an und beendet von seiner Seite her den Bruch, die Feindschaft zwischen uns und ihm. Ergriffen von dieser Liebe kann auch ein Jünger Jesu nicht anders, als durch Liebe die Feindschaft zu überwinden, die ihm entgegenschlägt. Feindesliebe wird also nie leicht, sondern immer nur im Blick auf das Wirken Jesu Christi möglich sein.

» Wo und von wem schlägt mir Feindschaft entgegen? Wie erlebe ich das?
» Bin ich bereit zum Gebet für meinen Feind? Kann ich ihm um Jesu willen vergeben? Vertraue ich darauf, dass das vom Kopf auch noch ins Herz rutscht?
» Welchen Unterschied gibt es zwischen Vergebung und Versöhnung?

» Ich danke für Gottes Liebe und Erlösung, die mir unverdient aus Gnade gilt.
» Ich bitte um Kraft zur Vergebung und um innere Heilung von Verletzungen.

Tag 20
Vergeltung

„Kein Stück des Psalters bereitet uns heute größere Not als die sogenannten Rachepsalmen. In erschreckender Häufigkeit durchdringen ihre Gedanken den ganzen Psalter. Hier scheinen alle Versuche mitzubeten zum Scheitern verurteilt. […] Christus betet am Kreuz für seine Feinde und lehrte uns ebenso beten. Wie können wir noch mit den Psalmen Gottes Rache über die Feinde herbeirufen? […] Die Feinde, von denen hier gesprochen wird, sind Feinde der Sache Gottes, die uns um Gottes Willen angreifen. Es handelt sich also nirgends um persönlichen Streit. Nirgends wird der Psalmbeter die Rache in eigene Hand nehmen, er befiehlt die Rache Gott allein. Damit muss er sich selbst aller persönlichen Rachegedanken entschlagen, er muss frei sein von eigenem Rachedurst, sonst wäre die Rache nicht ernstlich Gott befohlen. Ja, nur wer selbst unschuldig ist gegenüber dem Feind, kann Gott die Rache anheimgeben. Das Gebet um die Rache Gottes ist das Gebet um die Vollstreckung seiner Gerechtigkeit im Gericht über die Sünde. Dieses Gericht muss ergehen, wenn Gott zu seinem Wort steht, es muss ergehen, wen es auch trifft; ich selbst gehöre mit meiner Sünde mit unter dieses Gericht. Ich habe kein Recht, dieses Gericht hindern zu wollen. Es muss erfüllt werden um Gottes willen, und es ist erfüllt worden, freilich in wunderbarer Weise. Gottes Rache traf nicht die Sünder, sondern den einzig Sündlosen, der an der Sünde Stelle getreten ist, den Sohn Gottes. Jesus Christus trug die Rache Gottes, um deren Vollstreckung der Psalm betet. […] Gott hasst und richtet seine Feinde an dem einzigen

Gerechten, und dieser bittet für die Feinde Gottes um Vergebung. Nur im Kreuz Jesu Christi ist die Liebe Gottes zu finden. […] Nicht ich kann von mir aus den Feinden Gottes vergeben, sondern allein der gekreuzigte Christus kann es, und ich darf es durch ihn.“

(Die Psalmen S. 63f – DBW 5,128-130)

„Ach Gott, wolltest du doch den Frevler töten! Dass doch die Blutgierigen von mir wichen! Denn voller Tücke reden sie von dir, und deine Feinde erheben sich ohne Ursache. Sollte ich nicht hassen, HERR, die dich hassen, und verabscheuen, die sich gegen dich erheben? Ich hasse sie mit ganzem Ernst; sie sind mir zu Feinden geworden. Erforsche mich, Gott, und erkenne mein Herz; prüfe mich und erkenne, wie ich's meine. Und sieh, ob ich auf bösem Wege bin und leite mich auf ewigem Wege.“ (Ps 139,19-24)

Das biblische Buch der Psalmen besticht durch seine Vielfalt und Ehrlichkeit. Die Gebete erlauben jenseits alles Formelhaften oft genug einen Blick bis auf den tiefsten Grund des Herzens des Beters. Neben überschwänglichem Dank kommen auch Not und Klage vor Gott zur Sprache. Besonders schwierig für uns sind die sogenannten Rachepsalmen, in denen der Hass auf den Feind sowie der Wunsch nach Vergeltung und Vernichtung zum Ausdruck kommt. Wer sensibel auf Gewaltaussagen in der Bibel reagiert, hält hier inne und fragt, ob man so beten darf und wie man mit solchen Passagen umgehen soll. Selbst in Gesangbuchausgaben werden die „anstößigen“ Teile meist ausgespart: So vermisst man – oder eben doch nicht? – etwa beim beliebten Psalm 139 die Verse 19-22. Bonhoeffer schaut hier in vier Schritten genau hin und ordnet die Rachepsalmen theologisch ein. Erstens merkt er an, dass es hier um die Feinde Gottes geht und nicht um irgendwelche persönlichen Feindschaften. Daraus folgt zweitens, dass der Beter den Umgang mit ihnen nicht selbst in die Hand nimmt, sondern Gott anbefiehlt und eigene Rachegelüste abgibt. Drittens führt Bonhoeffer aus, dass Gott in Gerechtigkeit richten wird. Sein Zorn gilt dabei der Sünde, aber er trifft nicht den Sünder, sondern den sündlosen Jesus Christus, der die Sünde auf sich genommen hat. Der Feind seinerseits müsste dann erkennen, dass ihm allein durch Jesus Christus vergeben werden kann – aber diese Sorge ist dem Beter abgenommen, der ihn freigibt. Daraus folgt viertens: Weil Jesus vor Gott für die Feinde Gottes um Vergebung bittet (Lk 23,34), sollen wir es durch ihn auch tun. So kommt der Kreislauf von Rache und Vergeltung an ein Ende – die Gewalt entlädt sich letztlich am Kreuz Jesu Christi und wird hier endgültig überwunden.

» Wie erlebe ich Feindschaft gegenüber Gott in meinem Umfeld?
» Wie gehe ich damit um? Kann ich den Wunsch nach Rache an Gott abgeben?

» Ich danke für Gottes Gnade, der die Vergeltung an sich selbst vollzogen hat.
» Ich bitte, dass ich Gottes Feinden vergeben kann durch Jesus Christus.
» Ich bitte um Umkehr der Feinde und dass sie sich mit Gott versöhnen lassen.

Tag 21
Richten

„Kaum dass Menschen beieinander sind, müssen sie anfangen, einander zu beobachten, zu beurteilen, einzuordnen. Damit hebt schon im Entstehen christlicher Gemeinschaft ein unsichtbarer, oft ungewusster furchtbarer Streit auf Leben und Tod an. […] Darum ist es für jede christliche Gemeinschaft lebensnotwendig, dass sie von der ersten Stunde an diesen gefährlichen Feind ins Auge fasst und ausrottet. Hier ist keine Zeit zu verlieren; denn vom ersten Augenblick der Begegnung mit dem Andern an sucht der Mensch nach der Kampfstellung, die er dem Andern gegenüber beziehen und durchhalten kann. […] Es ist der Kampf des natürlichen Menschen um Selbstrechtfertigung. Er findet sie nur am Vergleich mit dem Andern, am Urteil, am Gericht über den andern. Selbstrechtfertigung und Richten gehören zusammen, wie Rechtfertigung aus Gnaden und Dienen zusammengehören. Wir bekämpfen unsere bösen Gedanken oft am wirksamsten, wenn wir ihnen grundsätzlich das Wort verbieten. […] So wird es eine entscheidende Regel jedes christlichen Gemeinschaftslebens sein, die dem Einzelnen das heimliche Wort über den Bruder verbietet. […] Gott hat den andern nicht gemacht, wie ich ihn gemacht hätte. Er hat ihn mir nicht zum Bruder gegeben, damit ich ihn beherrsche, sondern damit ich über ihm den Schöpfer finde. […] Gott will nicht, dass ich den Andern nach dem Bilde forme, das mir gut erscheint, also nach meinem eigenen Bilde, sondern in seiner Freiheit von mir hat Gott den Andern zu seinem Ebenbilde gemacht."

(Gemeinsames Leben S. 103-106 – DBW 5,77-79)

„Du aber, was richtest du deinen Bruder? Oder du, was verachtest du deinen Bruder? Wir werden alle vor den Richterstuhl Gottes gestellt werden. Darum lasst uns nicht mehr einer den andern richten; sondern richtet vielmehr darauf euren Sinn, dass niemand seinem Bruder einen Anstoß oder Ärgernis bereite." (Röm 14,10.13)

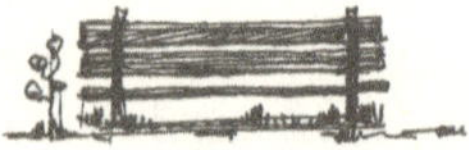

Bonhoeffer war sich bewusst, dass die Sünde des Vergleichens und Richtens zerstörerisch wirkt. Hier spiegeln sich wieder die Erfahrungen, die er als Direktor des Predigerseminars in Finkenwalde (1935-37) und später in den illegalen Sammelvikariaten gemacht hat. Man kann sich vorstellen, dass den jungen Theologen (deshalb ist hier nur vom „Bruder" die Rede; man kann die Gedanken aber ohne Weiteres heute auch auf die „Schwester" beziehen) die enge Gemeinschaft einiges abverlangt hat. Bonhoeffer war sich bewusst, dass während des Kirchenkampfes mit den Deutschen Christen der Feind nicht nur von außen kam, sondern dass er eine christliche Lebensgemeinschaft auch von innen angreifen kann. Eberhard Bethge berichtet daher auch in seiner großen Bonhoeffer-Biografie, dass es in Finkenwalde die Regel gab, dass in Abwesenheit eines Bruders nicht über diesen geredet werden solle. Das schützte den andern, aber auch den Redenden selbst. Die Wurzel alles Vergleichsdenkens und Verurteilens von anderen sieht er im Zwang zur Selbstrechtfertigung. Da ich als Christ aber davon lebe, dass ich von Gott aus lauter Gnade gerechtfertigt bin, muss ich mich nicht selbst rechtfertigen. Statt über andere das Urteil zu sprechen, bin ich befreit, ihnen zu dienen. Gott hat als Schöpfer die Menschen zu seinem Ebenbild geschaffen. Die Verschiedenheit des andern von mir darf ich deshalb als Bereicherung verstehen.

» Kenne ich die Sünde des Vergleichens und Richtens aus eigener Erfahrung?
» Wie kann ich ihr ganz praktisch wirksam begegnen?
» Was halte ich von Bonhoeffers Vorschlag, grundsätzlich nicht negativ über Mitglieder einer Gemeinschaft in deren Abwesenheit zu reden?
» Fällt es mir leicht, andere anzunehmen, auch wenn sie ganz anders sind?

» Ich danke für die Rechtfertigung aus Gnade, die mich zum Dienen befreit.
» Ich danke für den anderen, den Gott zu seinem Ebenbild geschaffen hat.
» Ich bitte um Vergebung, wo ich verglichen oder andere verurteilt habe.
» Ich bitte um Mut, konstruktiv miteinander statt übereinander zu reden.

Tag 22
Leiden

„In rechter Weise in den vielfachen Leiden, die die Welt über uns bringt, vor Gott zu kommen, lehrt uns der Psalter reichlich. Schwere Krankheit und tiefe Verlassenheit von Gott und Menschen, Bedrohung, Verfolgung, Gefangenschaft und was es an erdenklicher Not auf Erden gibt, die Psalmen kennen es. [...] Sie leugnen es nicht ab, sie täuschen sich nicht mit frommen Worten darüber hinweg, sie lassen es als harte Anfechtung des Glaubens stehen, ja sie sehen manchmal nicht mehr über das Leiden hinaus (Ps. 88), aber sie alle klagen es Gott. [...] Um die volle Gemeinschaft mit Gott, der die Gerechtigkeit und die Liebe ist, geht es in den Klagepsalmen. Aber nicht nur ist Jesus Christus das Ziel unseres Betens, sondern er ist auch in unserem Beten selbst mit dabei. Um unsertwillen hat er am Kreuz geschrien: ‚Mein Gott, mein Gott, warum hast du mich verlassen?‘ Nun wissen wir, dass es kein Leiden auf Erden mehr gibt, in dem nicht Christus bei uns wäre, mit uns leidend, betend, der einzige Helfer.‘“

(Die Psalmen S. 53-55 – DBW 5,124f)

„Denn ich bin überzeugt, dass dieser Zeit Leiden nicht ins Gewicht fallen gegenüber der Herrlichkeit, die an uns offenbart werden soll. Denn das ängstliche Harren der Kreatur wartet darauf, dass die Kinder Gottes offenbar werden. Die Schöpfung ist ja unterworfen der Vergänglichkeit – ohne ihren Willen, sondern durch den, der sie unterworfen hat –, doch auf Hoffnung; denn auch die Schöpfung wird frei werden von der Knechtschaft der Vergänglichkeit zu der herrlichen Freiheit der Kinder Gottes." (Röm 8,18-21)

Die Frage nach dem Leiden wird nicht umsonst als der „Fels des Atheismus" (Georg Büchner) bezeichnet. „Warum müssen wir leiden?" „Warum gibt es all die Not und Ungerechtigkeit und all das Unfassbare in der Welt, das uns die Sprache raubt?" „Wie kann Gott das zulassen?" Über die Liebe Gottes und das Leid der Welt – und über die Spannung, die da drinsteckt – sind Regale voller Bücher geschrieben worden. Bonhoeffer gibt darauf nun keine rationalen, theoretischen Antworten. Aber er zeigt, wie wir mit diesen Fragen umgehen können – nämlich, indem wir sie vor Gott bringen. Gott selbst leidet mit uns! Das zeigt der Blick auf das Kreuz, auf Jesus, der das Leiden kennt, der nach dem Zeugnis der Bibel „für uns“ gelitten hat. Wer auch im Leid zu Gott kommt, indem er vor ihm seine Not klagend ausspricht, der bleibt in Kontakt mit Gott. Bonhoeffer weist bereits in Teilen des „Gemeinsamen Lebens“ (z. B. DBW 5,38-43) auf den Schatz der biblischen Psalmen hin. Im letzten Buch, das er 1940 selbst herausgegeben hat – „Das Gebetbuch der Bibel“ – knüpft er daran an und zeigt insbesondere mit seiner Auslegung der Klagepsalmen, wie sich der Glaube auch in schwerer Zeit bewährt. Seine Gedanken zeigen etwas von Bonhoeffers tiefer Überzeugung, dass Christen auch der harten Wirklichkeit ins Auge sehen und nicht vor ihr fliehen sollten, aber mit Jesus Christus als mitleidendem Fürbitter einen Weg durch das Dunkel gehen.

» Teile ich meine Not und mein Leid mit Gott?
» Kann ich auch harten Realitäten ungeschminkt ins Auge sehen?
» Habe ich in schweren Zeiten schon einmal Gottes Nähe und Trost gespürt?

» Ich danke für Gottes Gegenwart in meiner Not.
» Ich danke für die Worte, die uns die Psalmen zum Beten zur Verfügung stellen.

- Ich bitte für Menschen in Not, Krankheit und Verfolgungssituationen.
- Ich bitte um Vertrauen, auch unser Nicht-Verstehen in Gottes Hand zu legen.

Tag 23
Not

„Herr Gott, großes Elend ist über mich gekommen.
Meine Sorgen wollen mich erdrücken,
ich weiß nicht ein noch aus. Gott, sei gnädig und hilf.
Gib Kraft zu tragen, was du schickst.
Lass die Furcht nicht über mich herrschen.
Sorge du väterlich für die Meinen, besonders für Frau und Kinder.
Schütze sie mit deiner starken Hand vor allem Übel und vor aller Gefahr.
Barmherziger Gott, vergib mir alles,
was ich an dir und an Menschen gesündigt habe.
Ich traue deiner Gnade und gebe mein Leben ganz in deine Hand.
Mach du mit mir, wie es dir gefällt und wie es gut für mich ist.
Herr, ich warte auf dein Heil und auf dein Reich. Amen“

(Widerstand und Ergebung – DBW 8,208)

„Gott ist unsre Zuversicht und Stärke, eine Hilfe in den großen Nöten, die uns getroffen haben. Darum fürchten wir uns nicht, wenngleich die Welt unterginge und die Berge mitten ins Meer sänken, wenngleich das Meer wütete und wallte und von seinem Ungestüm die Berge einfielen.“ (Ps 46,2-4)

In einem Brief an Eberhard Bethge schreibt Bonhoeffer am 18.11.1943 aus seiner Tegeler Zelle: *„Zur Zeit versuche ich, Gebete für Gefangene zu schreiben, die es merkwürdigerweise noch nicht gibt und die vielleicht Weihnachten verteilt werden sollen.“* (DBW 8,189). Die Frucht dieser Bemühungen ist uns in Form einiger Morgengebete, eines Abendgebets und eines Gebets in besonderer Not glücklicherweise erhalten geblieben (DBW 8,204-208). Laut Eberhard Bethge gehören diese kleinen geistlichen Werke, um die er gebeten wurde, *„zu Bonhoeffers tiefsten Frömmigkeitsäußerungen. Sie sind nicht spontan hingeworfen, sondern aus langer Meditation und erfahrener Disziplin entworfen.“* (zit. n. DBW 8,204)

Sie fallen in die Zeit, als die starken Luftangriffe der Alliierten mit massiven Flächenbombardements von Berliner Stadtteilen begannen. Aufgrund dieser Erfahrungen teilte Bonhoeffer in einem Brief vom 23.11.1943 Bethge sogar sein zweites Testament mit (DBW 8,203f). Die in Bonhoeffers Gebet thematisierten Sorgen und Nöte der Gefängnisinsassen sind so mit Händen zu greifen – auch wenn sie nicht eigens benannt werden. Die offenen und allgemeinen Formulierungen erlauben es dem Beter – bis in die heutige Zeit hinein –, sein je eigenes Elend und individuelle Ängste in diese Zeilen einzutragen. Nach der Schilderung der persönlichen bedrückenden Situation wird im zweiten Teil der Horizont zur Fürbitte für die Angehörigen geweitet, bevor das Bekenntnis der eigenen Schuld mit der Bitte um Vergebung erfolgt. Das Gebet schließt mit einem starken Vertrauensbekenntnis. Damit vollzieht es dieselbe Bewegung wie viele Psalmen – nämlich von der Klage zum Lob, von der Furcht zum Vertrauen. Auffällig ist auch, dass Bonhoeffer Leid und Not nicht durch rationale Erklärungen zu bewältigen versucht, sondern durch eine klare Bewegung – hin zu Gott! Dabei half ihm, dass er nach überwundenem Haftschock auch in der Gefängniszeit ein diszipliniertes geistliches Leben mit Gebet, Schriftmeditation und Gesangbuchliedern führte. Die erlebte existenzielle Geborgenheit bei Gott verhalf ihm trotz Gefangenschaft zu einer unglaublichen inneren Freiheit, gab ihm tiefen Trost und öffnete seinen Blick für andere – etwa seine Mitgefangenen oder Angehörigen.

» Welche Sorgen wollen mich erdrücken? Wovor fürchte ich mich?
» Was hindert mich daran, meine Nöte und Ängste vor Gott auszubreiten? Habe ich ihn schon einmal um Gnade und Hilfe gebeten?
» Welche positiven Erfahrungen habe ich schon mit Gottes Hilfe gemacht?

» Wie kann mein Vertrauen in Gottes Gegenwart und gute Führung wachsen?

» Ich danke für alle persönliche Bewahrung in Zeiten der Not und Gefahr.
» Ich danke für Gottes Fürsorge auch gegenüber Angehörigen und Mitmenschen.
» Ich danke für Gottes Vergebungsbereitschaft und die Chance, neu anzufangen.
» Ich bitte um Mut und Offenheit, auch Schweres konkret vor Gott zu bringen.
» Ich bitte um innere Freiheit aus dem Glauben trotz äußerer Einschränkungen.
» Ich bitte um Vertrauen in Gottes Führung und seine Nähe im Leben und Sterben.

Tag 24
Identität

„Wer bin ich?
Sie sagen mir oft, ich träte aus meiner Zelle gelassen und heiter und fest wie ein Gutsherr aus seinem Schloss.
Wer bin ich?
Sie sagen mir oft, ich spräche mit meinen Bewachern frei und freundlich und klar, als hätte ich zu gebieten.
Wer bin ich?
Sie sagen mir auch, ich trüge die Tage des Unglücks gleichmütig, lächelnd und stolz wie einer, der Siegen gewohnt ist.
Bin ich das wirklich, was andere von mir sagen?
Oder bin ich nur das, was ich selbst von mir weiß?
Unruhig, sehnsüchtig, krank, wie ein Vogel im Käfig,
ringend nach Lebensatem, als würgte mir einer die Kehle,
hungernd nach Farben, nach Blumen, nach Vogelstimmen,
dürstend nach guten Worten, nach menschlicher Nähe,
zitternd vor Zorn über Willkür und kleinlichste Kränkung,
umgetrieben vom Warten auf große Dinge,
ohnmächtig bangend um Freunde in endloser Ferne,
müde und leer zum Beten, zum Denken, zum Schaffen,
matt und bereit, von allem Abschied zu nehmen?
Wer bin ich?
Der oder jener?
Bin ich heute dieser und morgen ein andrer?
Bin ich beides zugleich? Vor Menschen ein Heuchler
und vor mir selbst ein verächtlich wehleidiger Schwächling?
Oder gleicht, was in mir noch ist, dem geschlagenen Heer,

das in Unordnung weicht vor schon gewonnenem Sieg?
Wer bin ich?
Einsames Fragen treibt mit mir Spott.
Wer ich auch bin, Du kennst mich, Dein bin ich, o Gott!"

(Widerstand und Ergebung – DBW 8,513f)

„Herr, du erforschest mich und kennest mich. Ich sitze oder stehe auf, so weißt du es; du verstehst meine Gedanken von ferne. Ich gehe oder liege, so bist du um mich und siehst alle meine Wege." (Ps 139,1-3)

„Wer bin ich?“ ist eines der bekanntesten Gedichte Bonhoeffers. Geschrieben im Wehrmachtuntersuchungsgefängnis Berlin-Tegel und enthalten in einem Brief an Eberhard Bethge vom Juli 1944 liegt es zeitlich nahe am gescheiterten Attentat Stauffenbergs und seiner Mitstreiter gegen Hitler vom 20. Juli 1944. Eine unruhige Zeit für Bonhoeffer, der von den Umsturzplänen wusste und in die Verschwörung involviert war. Eingesperrt ins Gefängnis und äußerlich unfrei hat er nach Berichten von Zeitzeugen vielen Mithäftlingen Mut zugesprochen und auch in seiner Zelle ein geistliches Leben geführt.

„Wer bin ich?“ erlaubt bei aller gebotenen Zurückhaltung doch einen vorsichtigen Blick hinter den „öffentlichen Bonhoeffer“ – auf seinen Gemütszustand und seine Gedanken. Innen- und Außenperspektive sind dabei offensichtlich nicht immer deckungsgleich. Der heutige Leser erfährt auch von Bonhoeffers Unruhe und Sehnsüchten. Diese Ehrlichkeit hat seither unzählige Menschen inspiriert, die auf der Suche nach ihrer Identität sind. Deutlich wird auch hier, dass Bonhoeffer ein sehr intensives Leben geführt hat. Und er merkt, dass er seine Identität nicht in sich selbst finden kann. Aber in Gott kann er sie außerhalb seiner selbst verankern. Entscheidend ist, dass Gott ihn kennt – mit allen Stärken und Schwächen, mit aller Zuversicht und allen Zweifeln. Das bringt ihn zur Ruhe und verhilft ihm zu ehrlicher Selbstannahme.

» Fallen auch in meinem Leben Selbst- und Fremdwahrnehmung auseinander? Wie erlebe ich mich selbst? Und wie wirke ich auf andere?
» Stehe ich eher in der Gefahr, um mich selbst zu kreisen und Nabelschau zu betreiben oder achte ich zu wenig auf meine Gefühls- und Gedankenwelt?
» Wo ist es wichtig, äußerlich stark zu sein? Wann darf ich Schwäche zeigen?

» Ich danke dafür, dass Gott mich so gut kennt und bei ihm Masken fallen dürfen.
» Ich danke für allen Segen, den Menschen durch ihr Zeugnis in meinem Leben bewirkt haben.
» Ich bitte um äußerliche Stärke, wo sie für andere hilfreich und aufbauend ist.
» Ich bitte um Ehrlichkeit vor mir selbst und Selbsterkenntnis, Schwächen zugeben und Zweifel äußern zu können.

Tag 25
Tragen

„Gott ist ein Gott des Tragens. Der Sohn Gottes trug unser Fleisch, er trug darum das Kreuz, er trug alle unsere Sünden und schuf durch sein Tragen Versöhnung. So ist auch der Nachfolger zum Tragen berufen. Im Tragen besteht das Christsein. Wie Christus im Tragen die Gemeinschaft des Vaters bewahrt, so ist das Tragen des Nachfolgenden Gemeinschaft mit Christus. Der Mensch kann die ihm auferlegte Last auch abschütteln. Aber er wird damit nicht von der Last überhaupt frei, sondern er trägt nun eine viel schwerere, unerträglichere Last. Er trägt das selbstgewählte Joch seiner selbst. Jesus hat alle, die mit mancherlei Leiden und Lasten beladen sind, gerufen, ihr Joch abzuwerfen und sein Joch auf sich zu nehmen, das sanft, und seine Last, die leicht ist. Sein Joch und seine Last ist das Kreuz. Unter diesem Kreuz zu gehen ist nicht Elend und Verzweiflung, sondern Erquickung und Ruhe für die Seelen, ist höchste Freude. Hier gehen wir nicht mehr unter selbstgemachten Gesetzen und Lasten, sondern unter dem Joch dessen, der uns kennt und der selbst mit unter dem Joch geht. Unter seinem Joch sind wir seiner Nähe und Gemeinschaft gewiss. Er selbst ist es, den der Nachfolgende findet, wenn er sein Kreuz aufnimmt."

(Nachfolge S. 63f. – DBW 4,84)

„Brüder und Schwestern, wenn ein Mensch etwa von einer Verfehlung ereilt wird, so helft ihm wieder zurecht mit sanftmütigem Geist, ihr, die ihr geistlich seid; und sieh auf dich selbst, dass du nicht auch versucht werdest. Einer trage des andern Last, so werdet ihr das Gesetz Christi erfüllen." (Gal 6,1-2)

Der Gott, der trägt – der für uns trägt, mit uns trägt und uns trägt – diese Überzeugung hat eine starke seelsorgerliche Dimension. Bonhoeffer zeigt hier, dass Jesus sowohl Gabe als auch Vorbild für uns ist. Indem er Mensch wird (und trotzdem Gott bleibt), weiß er, wie es ist, wirklich Mensch zu sein. Stellvertretend lässt er sich schließlich für alle Menschen ans Kreuz nageln und trägt unsere Sünden.

Im Hintergrund steht hier sicher auch Jesajas Prophetie vom leidenden Gottesknecht: *„Fürwahr, er trug unsre Krankheit und* *lud auf sich unsre Schmerzen.*" (Jes 53,4). Der tragende Gottessohn kommt uns hier als der ganz und gar *Gebende*, sich Hingebende entgegen: Jesus tut das, was wir nicht tun können – und er tut es, damit wir heil werden. Aber darin ist er uns schließlich auch *Vorbild*. Der Gott, der trägt, will uns anstecken, damit auch wir andere tragen. Bonhoeffer macht deutlich, dass wir nicht die Endverbraucher der Liebe Gottes sind. Wer andere trägt, bleibt damit in der Gemeinschaft mit Jesus, der uns trägt. Was uns zugute kommt, das sollen wir an andere weitergeben. Leben in der Nachfolge Jesu bedeutet, auch die Lasten anderer zu (er)tragen. Hier weist Bonhoeffer auf die Rede Jesu vom Joch hin (Mt 11,29-30), die aus der jüdischen Welt stammt. Wer ein Joch trägt, der dient einem Höheren – das kann man schon bei den Nutztieren beobachten. Das eigene Joch abzuwerfen bedeutet also, sich nicht mehr nur um sich selbst und seine Sorgen zu drehen. Das Joch Jesu auf sich zu nehmen bedeutet schlicht und einfach, Jesus nachzufolgen. In der Gemeinschaft mit Jesus lernt man alles, was heil macht. Wer unter dem Joch Jesu lebt, der macht sich ganz von ihm abhängig und lässt sich von ihm führen. Die Jesus-Nachfolge unter seinem Joch lässt uns seine Nähe erleben, führt zum Frieden mit Gott und zur Erlösung. Und doch bringt der Weg der Nachfolge auch seine Lasten mit sich. Bonhoeffer selbst hat das zu spüren bekommen – nicht zuletzt in den letzten beiden Jahren seines Lebens, die er im Gefängnis verbringen musste. Sowohl das Tragen als auch das Joch zeigen, dass Christsein mehr als Selbstverwirklichung ist.

» Was löst der Gedanke vom „Gott des Tragens" in mir aus?
» Habe ich mich in einer bestimmten Situation schon einmal von Gott ganz und gar getragen gefühlt?

- Wo sehe ich Menschen oder Dinge in meinem Umfeld, die ich mittragen soll?
- Ist das „Joch Jesu“ für mich eher etwas Belastendes oder etwas Befreiendes?

- Ich danke dafür, dass der „tragende Gott“ Mensch geworden ist, sich ans Kreuz nageln ließ, meine Sünden getragen und Versöhnung geschaffen hat.
- Ich danke dafür, dass Gott uns zu Mit-Trägern macht und daraus Gutes entsteht.
- Ich bitte um Vergebung, wo ich Hilfe verwehrt und Lasten gemieden habe.
- Ich bitte um die Nähe und Gemeinschaft Jesu, wenn ich mit ihm trage.

Tag 26
Verantwortung

„Die große Maskerade des Bösen hat alle ethischen Begriffe durcheinander gewirbelt. Dass das Böse in der Gestalt des Lichts, der Wohltat, des geschichtlich Notwendigen, des sozial Gerechten erscheint, ist für den aus unserer tradierten ethischen Begriffswelt Kommenden schlechthin verwirrend; für den Christen, der aus der Bibel lebt, ist es gerade die Bestätigung der abgründigen Bosheit des Bösen. [...] Wer hält stand? Allein der, dem nicht seine Vernunft, sein Prinzip, sein Gewissen, seine Freiheit, seine Tugend der letzte Maßstab ist, sondern der dies alles zu opfern bereit ist, wenn er im Glauben und in alleiniger Bindung an Gott zu gehorsamer und verantwortlicher Tat gerufen ist, der Verantwortliche, dessen Leben nichts sein will als eine Antwort auf Gottes Frage und Ruf. Wo sind diese Verantwortlichen? [...]Die Deutschen fangen heute erst an zu entdecken, was freie Verantwortung heißt. Sie beruht auf einem Gott, der das freie Glaubenswagnis verantwortlicher Tat fordert und der dem, der darüber zum Sünder wird, Vergebung und Trost zuspricht. [...] Die letzte verantwortliche Frage ist nicht, wie ich mich heroisch aus der Affäre ziehe, sondern wie eine kommende Generation weiterleben soll. [...] Ich glaube, dass Gott aus allem, auch aus dem Bösesten, Gutes entstehen lassen kann und will. Dafür braucht er Menschen, die sich alle Dinge zum Besten dienen lassen. Ich glaube, dass Gott uns in jeder Notlage so viel Widerstandskraft geben will, wie wir brauchen. Aber er gibt sie nicht im Voraus, damit wir uns nicht auf uns selbst, sondern allein auf ihn verlassen. [...] Ich glaube, dass

Gott kein zeitloses Fatum ist, sondern dass er auf aufrichtige Gebete und verantwortliche Taten wartet und antwortet. […] Wir sind gewiss nicht Christus und nicht berufen, durch eigene Tat und eigenes Leiden die Welt zu erlösen […] Wir sind nicht Christus, aber wenn wir Christen sein wollen, so bedeutet das, dass wir an der Weite des Herzens Christi teilbekommen sollen in verantwortlicher Tat, die in Freiheit die Stunde ergreift und sich der Gefahr stellt, und in echtem Mitleiden, das nicht aus der Angst, sondern aus der befreienden und erlösenden Liebe Christi zu allen Leidenden quillt. Tatenloses Abwarten und stumpfes Zuschauen sind keine christlichen Haltungen."

(Widerstand und Ergebung – DBW 8,19-34)

„Man muss Gott mehr gehorchen als den Menschen." (Apg 5,29b)

In Dietrich Bonhoeffers Familie wurde das Zeitgeschehen aufmerksam verfolgt. Bonhoeffer selbst hatte offensichtlich die Gabe, Ereignisse prophetisch zu deuten. Ein Beispiel ist der Bericht „Nach zehn Jahren“, in dem er sich und den Vertrauten Eberhard Bethge, Hans von Dohnanyi und Hans Oster zum Jahreswechsel 1942/43 Rechenschaft über die Entwicklung in Deutschland seit 1933 gab. Mit dem Nationalsozialismus ist das abgrundtief Böse auf der Bühne der Weltgeschichte erschienen. Da das auf demokratischem Wege und in schillernder Gestalt geschah, greifen die bisher üblichen ethischen Ansätze nicht mehr, um damit fertigzuwerden. Die Nazis haben sich die deutsche Mentalität mit ihrem Hang zur Opferbereitschaft und zum Gehorsam gegenüber Autoritäten zunutze gemacht. Allein der Glaube, die ausschließliche Bindung an Gott und das verantwortliche Handeln – auch mit dem Risiko, dabei falsch zu liegen und schuldig zu werden – können jetzt noch helfen und dem Spuk ein Ende bereiten. Eric Metaxas schreibt dazu in seiner Bonhoeffer-Biografie: *„Christ sein – das heißt nicht bloß, die Sünde zu meiden oder bestimmte theologische Gesetze, Prinzipien und Lehren zu glauben oder im Munde zu führen, sondern es hat entscheidend damit zu tun, sein ganzes Leben in den Gehorsam gegenüber dem Ruf Gottes zu stellen.“*[2] So werden die radikalen Gedanken der „Nachfolge“ in mutiges politisches Handeln überführt.

- Welche Kriterien helfen, das Böse zu erkennen – selbst wenn es strahlend und hilfreich daherkommt? Was gefährdet heute gutes Leben im Sinne Gottes?
- Wo ruft Gott mich bzw. uns als Familie, Gemeinde etc. in Verantwortung?

- Ich danke für Gottes verlässliche Maßstäbe, die er uns durch sein Wort offenbart.
- Ich danke für Menschen, die in Gottesfurcht Verantwortung übernehmen.
- Ich bitte um Durchblick und prophetische Deutung von aktuellen Ereignissen.
- Ich bitte um Mut und Demut, zur rechten Zeit das Richtige zu tun oder zu lassen.
- Ich bitte um Vergebung, wo ich falsch lag und schuldig geworden bin.

Tag 27
Gebote

„Die drei Psalmen (1; 19; 119), die in besonderer Weise das Gesetz Gottes zum Gegenstand des Dankens, Lobens und Bittens machen, wollen uns vor allem die Wohltat des Gesetzes vor Augen führen. Unter ‚Gesetz' ist dann meist die ganze Erlösungstat Gottes und die Weisung für ein neues Leben im Gehorsam zu verstehen. Die Freude am Gesetz, an den Geboten Gottes, erfüllt uns, wenn Gott unserem Leben durch Jesus Christus die große Wendung gegeben hat. Dass Gott mir sein Gebot einmal verbergen könnte, dass er mich eines Tages seinen Willen nicht erkennen lassen könnte, ist die tiefste Angst des neuen Lebens. Es ist Gnade, Gottes Befehle zu kennen. Sie befreien uns von den selbstgemachten Plänen und Konflikten. Sie machen unsere Schritte gewiss und unseren Weg fröhlich. Gott gibt seine Gebote, damit wir sie erfüllen, und ‚seine Gebote sind nicht schwer' (1Joh 5,3) für den, der in Jesus Christus alles Heil gefunden hat. Jesus ist selbst unter dem Gesetz gewesen und hat es in völligem Gehorsam gegen den Vater erfüllt. Gottes Wille wird seine Freude, seine Speise. So dankt er in uns für die Gnade des Gesetzes und schenkt uns die Freude in seiner Erfüllung. Nun bekennen wir unsere Liebe zum Gesetz, wir bekräftigen, dass wir es gern halten, und bitten, dass wir in ihm unsträflich bewahrt bleiben. Nicht in eigener Kraft tun wir das, sondern wir beten es im Namen Jesu Christi, der für uns und in uns ist."

(Die Psalmen 38f – DBW 5,118f)

„Ich suche dich von ganzem Herzen; lass mich nicht abirren von deinen Geboten. Ich behalte dein Wort in meinem Herzen, damit ich nicht wider dich sündige. Gelobet seist du, HERR! Lehre mich deine Gebote! Ich will mit meinen Lippen erzählen alle Urteile deines Mundes. Ich freue mich über den Weg deiner Zeugnisse wie über allen Reichtum. Ich will nachsinnen über deine Befehle und schauen auf deine Wege. Ich habe Freude an deinen Satzungen und vergesse deine Worte nicht. Tu wohl deinem Knecht, dass ich lebe und dein Wort halte. Öffne mir die Augen, dass ich sehe die Wunder an deinem Gesetz. Ich bin ein Gast auf Erden; verbirg deine Gebote nicht vor mir. Meine Seele verzehrt sich vor Verlangen nach deinen Ordnungen allezeit." (Ps 119,10-20)

Beim Besuch einer jüdischen Synagoge sind Christen oft überrascht, wie intensiv und inbrünstig sich Juden dem Gesetz, der Tora, zuwenden. Die Gebote sind für sie offensichtlich nichts

Trockenes und auch keine lästige Pflicht, sondern eine gute Gabe Gottes. Auch Bonhoeffer folgt dieser Spur im „Gebetbuch der Bibel". Die Grundlage ist, dass Gott aus Liebe einen Bund mit uns Menschen stiftet, uns aus der Knechtschaft befreit (2Mo 20,2) und uns durch den Tod Jesu Christi am Kreuz erlöst. Die Gebote geben nun verlässliche Orientierung, indem sie uns helfen, in diesem Bund mit Gott zu leben, seinen Willen zu erkennen, als Erlöste zu leben und uns immer wieder auf Gott hin auszurichten. Gottes Gebote selbst retten uns nicht. Aber wer *„in Jesus Christus alles Heil gefunden hat"*, dem helfen die Gebote dann, in Beziehung mit Gott zu leben und gute Weisungen für ein neues Leben im Glauben zu empfangen. Jesus selbst, der unter dem Gesetz gelebt (Gal 4,4f) und es erfüllt hat (Röm 10,4), lebt in uns, gibt Freude am Gesetz und hilft, danach zu leben. Damit sind die Gebote keine unbarmherzigen Forderungen, sondern Gottes lebendiger Anspruch an uns in einer konkreten Situation.

Das umfassendste Loblied auf Gottes Gebote im Alten Testament ist der 119. Psalm. Bonhoeffer hat ihn einmal als seinen „liebsten Psalm" bezeichnet. In einer umfangreichen Meditation über diesen Psalm im Jahr 1939/40 schreibt er: *„Erst wenn wir erkannt haben, dass die Entscheidung schon gefallen, der Anfang schon gemacht, die Tat schon getan ist, und zwar von Gott, erst wenn wir uns von Entscheidung, Anfang, Tat Gottes mitgetroffen, in sie hineingezogen wissen, können wir das Gebot Gottes hören als das Lebensgesetz derer, für die Gott schon längst alles getan hat und die nun ‚im Gesetz' sind. Gottes Gesetz lässt sich von seiner Erlösungstat nicht trennen."* (DBW 15,502)

» Wie verhalten sich Gottes Zuspruch und sein Anspruch zueinander?
» Was gibt Gott und was fordert er von uns – grundsätzlich und heute konkret?
» Kann ich die Freude des Psalmbeters an Gottes Geboten nachempfinden?

» Ich danke, dass Gott uns befreit und durch Jesus Christus endgültig erlöst hat.
» Ich danke für Gottes gute Gebote und alle Orientierung, die er uns damit gibt.
» Ich bitte um Gottes Kraft und Mut, nach seinen Weisungen zu leben.

Tag 28
Freiheit

„Dass Gott im Menschen sein Bild auf Erden schafft, heißt, dass der Mensch dem Schöpfer darin ähnlich ist, dass er frei ist. Freilich, er ist frei allein eben durch die Schöpfung Gottes, durch das Wort Gottes, er ist frei für den Lobpreis des Schöpfers. Denn Freiheit ist in der Sprache der Bibel nicht etwas, das der Mensch für sich hat, sondern etwas, das er für den anderen hat. Kein Mensch ist frei ‚an sich', d. h. gleichsam im luftleeren Raum, so wie er musikalisch, klug oder blind an sich ist. Freiheit ist keine Qualität des Menschen, keine noch so tief irgendwie in ihm aufzudeckende Fähigkeit, Anlage, Wesensart. [...] Freisein heißt, ‚frei-sein-für-den-anderen', weil der andere mich an sich gebunden hat. Nur in der Beziehung auf den anderen bin ich frei. [...] Das ist die Botschaft des Evangeliums selbst, dass Gottes Freiheit sich an uns gebunden hat, dass seine freie Gnade allein an uns wirklich wird, dass Gott nicht für sich frei sein will, sondern für den Menschen. Es gibt kein ‚Frei-sein-von' ohne das ‚Frei-sein-für', es gibt kein Herrschen ohne den Dienst an Gott, mit dem einen verliert der Mensch notwendig auch das andere." (DBW 3,58f.63) „Ziehst du aus, die Freiheit zu suchen, so lerne vor allem Zucht der Sinne und deiner Seele, dass die Begierden und deine Glieder dich nicht bald hierhin, bald dorthin führen."

(Widerstand und Ergebung – DBW 8,570)

„Wenn ihr bleiben werdet an meinem Wort, so seid ihr wahrhaftig meine Jünger und werdet die Wahrheit erkennen, und die Wahrheit wird euch frei machen. […] Wenn euch nun der Sohn frei macht, so seid ihr wirklich frei." (Joh 8,31f.36)

Freiheit ist sicher eines der großen Schlagwörter der Gegenwart. Oft wird es in eins gesetzt mit Autonomie und Emanzipation. Schnell wird benannt, wovon man frei sein möchte. Weniger klar ist, wohin die neue Freiheit führen soll. Bonhoeffer macht deutlich, dass Freiheit vor allem ein Beziehungsbegriff ist. Freiheit gibt es nicht im luftleeren Raum. Gott hat sein Volk aus der Sklaverei Ägyptens befreit. Die Israeliten werden ihre Freiheit nur bewahren können, wenn sie sich eng an ihren Befreier und seine Weisungen halten. Sonst rutschen sie schnell in neue Knechtschaft in Form von negativen Mustern oder belastenden

Abhängigkeiten hinein. Freiheit ist also nicht nur ein „Frei-sein-von-etwas“, sondern auch ein „Frei-sein-für-etwas“. Wer eine schlechte Bindung hinter sich lässt, wird nur durch eine gute Bindung das Vakuum ausfüllen können, das unweigerlich entsteht. Freiheit ohne Bindung ist eine Illusion. Auch die Freiheit einer Skiabfahrt kann man nur mit einer guten Bindung erleben. So ist jeder Mensch berufen, seinem Schöpfer dankbar zu sein und bezogen auf ihn hin zu leben. Er hat sich mit uns Menschen in freier Liebe verbunden und wirbt darum, dass wir ihm vertrauen. Diese freiwillige Selbstbindung im Glauben öffnet einen Menschen auch für seine Mitwelt und seinen Nächsten. Unübertroffen hat Martin Luther diesen Zusammenhang in der letzten These seiner Schrift „Von der Freiheit eines Christenmenschen“ (1520) benannt: *„Aus dem allem ergibt sich die Folgerung, dass ein Christenmensch nicht in sich selbst lebt, sondern in Christus und seinem Nächsten. In Christus durch den Glauben, im Nächsten durch die Liebe.“*[3]

» Freiheit gibt es nur in einer guten (Selbst-)Bindung. Ist mir das bewusst?

» In welchen negativen Bindungen stecke ich fest? Wo lädt mich Gottes Wort ein, die Wahrheit zu erkennen und durch Jesus Christus frei zu werden?

» Vertraue ich darauf, dass Gottes Gebote und Weisungen wirklich gut sind?

» Ich danke dafür, dass Gott sich mit uns Menschen in freier Liebe verbunden hat.
» Ich bitte um Vertrauen, dass es mir in einer Bindung an Gott wirklich gut geht.
» Ich bitte um einen klaren Blick dafür, wo ich in Belastendem feststecke.
» Ich bitte, dass Jesus Christus mich konkret von negativen Bindungen befreit.

Tag 29
Leben

„Wie die Bitte um das tägliche Brot das ganze Gebiet der Notdurft des leiblichen Lebens umfasst, so gehört die Bitte um Leben, Gesundheit und sichtbare Erweise der Freundlichkeit Gottes notwendig zu dem Gebet, das sich an Gott, den Schöpfer und Erhalter dieses Lebens, richtet. Das leibliche Leben ist nicht verächtlich, sondern dazu hat Gott uns seine Gemeinschaft in Jesus Christus geschenkt, dass wir in diesem – und dann freilich auch in jenem Leben vor ihm leben können. [...] Gott will, dass es den Frommen auf Erden wohlergeht (Ps 37). Dieser Wille wird auch durch das Kreuz Jesu Christi nicht außer Kraft gesetzt, sondern vielmehr bestätigt, und gerade dort, wo Menschen in der Nachfolge Jesu viele Entbehrungen auf sich nehmen müssen, wie die Jünger, werden sie auf die Frage Jesu: ‚Habt ihr auch je Mangel gehabt?', antworten: ‚Niemals!' (Lk 22,35). [...] Wir dürfen wirklich kein schlechtes Gewissen dabei haben, mit dem Psalter um Leben, Gesundheit, Friede, irdisches Gut zu beten, wenn wir nur wie der Psalm selbst dies alles als Erweise der gnädigen Gemeinschaft Gottes mit uns erkennen und dabei festhalten, dass Gottes Güte besser ist denn Leben (Ps 63,4; 73,25f.). [...] Allein um Jesu Christi willen und auf sein Geheiß dürfen wir um die Lebensgüter beten, und um seinetwillen wollen wir es auch mit Zuversicht tun. Wenn wir aber empfangen, was wir bedürfen, so sollen wir nicht aufhören, Gott von Herzen zu danken, dass er um Jesu Christi willen so freundlich ist."

(Die Psalmen S. 51f – DBW 5,123)

„Ich bin die Tür; wenn jemand durch mich hineingeht, wird er selig werden und wird ein und aus gehen und Weide finden. Ein Dieb kommt nur, um zu stehlen, zu schlachten und umzubringen. Ich bin gekommen, damit sie das Leben haben und volle Genüge." (Joh 10,9f)

Von Dietrich Bonhoeffer kann man lernen, was es heißt, intensiv zu leben. „Carpe Diem" (Nutze den Tag) – im Blick auf die vielen Dinge, die er in seinen nur 39 Lebensjahren bewegt, angepackt und erlebt hat, kann man dieses Sprichwort durchaus als eine Art Lebensmotto verstehen. Bonhoeffer hat sich mit aller Kraft für das eingesetzt, was ihm vor die Füße gelegt wurde. Er ist nicht aus dieser konkreten Welt in ein Jenseits geflüchtet, sondern hat in echter Diesseitigkeit gelebt – nahe bei Gott und nahe bei den Menschen. In einem Brief an seine

Verlobte Maria von Wedemeyer schrieb er im Jahr 1943 aus dem Gefängnis: *„Unsere Ehe soll ein Ja zu Gottes Erde sein, sie soll uns den Mut, auf der Erde etwas zu schaffen und zu wirken, stärken. Ich fürchte, dass die Christen, die nur mit einem Bein auf der Erde zu stehen wagen, auch nur mit einem Bein im Himmel stehen.“*[4]

Gott ist ein Liebhaber des Lebens – und als Schöpfer gönnt er seinen Geschöpfen ein Leben, in dem es ihnen gut geht, in dem sie sich innerhalb heilsamer Grenzen entfalten und entwickeln können. Anders als bei den griechischen Gnostikern ist deshalb Leibfeindlichkeit oder gar -verachtung mit dem christlichen Glauben nicht vereinbar. Deshalb ist es nach Bonhoeffer geradezu geboten und nicht egoistisch oder frommer Luxus, wenn man um ein gutes Leben, um Gesundheit, um Frieden und um irdische Güter betet. Voraussetzung dafür ist, dass wir das alles als Gaben Gottes wertschätzen, die er uns zeitlich begrenzt zur Verfügung stellt. Wer den Geber ehrt, der darf auch die Gaben in dankbarer Haltung genießen.

» Welchen Blick habe ich auf mein Leben? Verstehe ich es als Geschenk Gottes, das ich verantwortungsvoll gestalten und auch genießen darf?
» Achte ich auf meinen Körper oder missachte ich die Signale, die er mir sendet?
» Nehme ich die Welt, in der ich lebe, dankbar als Gabe und Aufgabe an?
» Wie kann heute echte Lebens- und Weltverantwortung aussehen?

» Ich danke für mein Leben, für meinen Körper und alle Gaben, die Gott mir schenkt.
» Ich danke für meine Mit-Welt und alle Gestaltungsmöglichkeiten, die ich habe.
» Ich bitte um verantwortungsvollen, dankbaren Umgang mit allen Ressourcen.

Tag 30
Enthaltsamkeit

„Jesus setzt als selbstverständlich voraus, dass die Nachfolgenden die fromme Übung des Fastens halten. Zum Leben der Nachfolgenden gehört die strenge Übung in der Enthaltsamkeit. Solche Übungen haben den einzigen Zweck, den Nachfolgenden für den ihm befohlenen Weg und für das ihm befohlene Werk bereiter und freudiger zu machen. Der selbstische und träge Wille, der sich nicht zum Dienst treiben lässt, wird gezüchtigt, das Fleisch wird gedemütigt und gestraft. In der Übung der Enthaltsamkeit wird die Entfremdung meines christlichen Lebens von der Welt deutlich spürbar. Ein Leben, das ganz ohne asketische Übung bleibt, das sich alle Wünsche des Fleisches gönnt, solange sie nach der iustitia civilis ‚erlaubt' sind, wird sich für den Dienst Christi schwer bereiten. Das satte Fleisch betet nicht gern und schickt sich nicht zum entsagungsvollen Dienst. […] Es gilt vom Jünger, dass der Geist willig, aber das Fleisch schwach ist. Darum ‚wachet und betet'. Der Geist erkennt den Weg der Nachfolge und ist bereit, ihn zu gehen, aber das Fleisch ist zu furchtsam, der Weg ist ihm zu beschwerlich, zu unsicher, zu mühsam. So muss der Geist verstummen. Der Geist bejaht das Gebot Jesu zur unbedingten Feindesliebe, aber Fleisch und Blut sind zu stark, sodass es nicht zur Tat wird. So muss das Fleisch in täglicher und außerordentlicher Übung und Zucht erfahren, dass es kein eignes Recht hat. Hierzu hilft die tägliche, geordnete Übung des Gebets wie auch die tägliche Betrachtung des Wortes Gottes, hierzu hilft allerlei Übung leiblicher Zucht und Enthaltsamkeit."

(Nachfolge S. 169f – DBW 4,164f)

„Jeder aber, der kämpft, enthält sich aller Dinge.“ (1Kor 9,25a) „Wenn ihr fastet, sollt ihr nicht sauer dreinsehen wie die Heuchler; denn sie verstellen ihr Gesicht, um sich vor den Leuten zu zeigen mit ihrem Fasten. Wahrlich, ich sage euch: Sie haben ihren Lohn schon gehabt. Wenn du aber fastest, so salbe dein Haupt und wasche dein Gesicht, damit du dich nicht vor den Leuten zeigst mit deinem Fasten, sondern vor deinem Vater, der im Verborgenen ist; und dein Vater, der in das Verborgene sieht, wird dir's vergelten.“ (Mt 6,16-18)

Wenn Bonhoeffer von der „Züchtigung des Fleisches“ schreibt, dann regen sich in uns dabei möglicherweise negative Empfindungen. Doch es geht hier weder um körperliche Selbstbestrafung noch um gnostisch angehauchte Geringschätzung des Leibes. Mit seinen Gedanken zur Enthaltsamkeit und Askese hat

Bonhoeffer einen freiwilligen Verzicht vor Augen. Ein solches Fasten hilft dem Christen, sich neu auf den hin auszurichten, dem er folgt: Jesus Christus. Bonhoeffer weiß und kennt es aus eigener Erfahrung, dass die Trägheit des Eigenwillens verhindern kann, das umzusetzen, was der Heilige Geist einem Jesus-Nachfolger zeigt. Durch das Verzichten auf bestimmte Dinge und eine Konzentration des Lebens auf Gott hin werden Prioritäten gesetzt, die es wiederum ermöglichen, den Willen Gottes zunächst erst einmal zu erkennen und dann auch zu tun. Es tut uns eben nicht gut, wenn wir immer alles bekommen, wonach wir verlangen. Bonhoeffer hat als Direktor des Predigerseminars in Zingst und Finkenwalde sowie später der verborgenen Sammelvikariate in Hinterpommern unter schwierigsten Lebensbedingungen eine Art neuer klösterlicher Gemeinschaften geprägt. Und auch in seinen letzten Lebensjahren im Gefängnis musste er neben der Freiheit auf viele Annehmlichkeiten verzichten. Dabei half ihm ein konzentrierter und geregelter Tagesablauf, „in der Spur zu bleiben" – ein Leben in „Übung und Zucht".

» Welche Empfindungen regen sich in mir, wenn ich an „Enthaltsamkeit", „Askese", „Fasten" oder „Zucht" denke? Spüre ich Freiheit oder eher Druck?

» Welcher Verzicht und welche Konzentration könnten mir helfen, den Willen Gottes für mein Leben besser zu erkennen und auch zu tun?

» Welche Rhythmen, Strukturen und Übungen sind heilsam für mich als Einzelnen und für die Gemeinschaften, in denen ich lebe (Familie, Gemeinde)?

- Ich danke für alle positiven Erfahrungen des Verzichts, die ich bisher machen durfte.
- Ich bitte darum, das „Weniger ist mehr" in meinem Leben gut umsetzen zu können.
- Ich bitte, dass es in unserer Familie und Gemeinde gelingt, kluge Prioritäten zu setzen.

Tag 31
Ehe

„Gott stiftet eure Ehe. Ehe ist mehr als eure Liebe zueinander. Sie hat höhere Würde und Gewalt; denn sie ist Gottes heilige Stiftung, durch die er die Menschen bis ans Ende der Tage erhalten will. In eurer Liebe seht ihr euch beide nur allein auf der Welt, in der Ehe seid ihr ein Glied in der Kette der Geschlechter, die Gott zu seiner Ehre kommen und vergehen lässt und zu seinem Reich ruft; in eurer Liebe seht ihr nur den Himmel eures eigenen Glücks, durch die Ehe seid ihr verantwortlich in die Welt und in die Gemeinschaft der Menschen hineingestellt; eure Liebe gehört euch allein und persönlich, die Ehe ist etwas Überpersönliches, sie ist ein Stand, ein Amt. Wie die Krone den König macht und nicht schon der Wille zu herrschen, so macht die Ehe und nicht schon eure Liebe zueinander euch zu einem Paar vor Gott und vor den Menschen [...] Nicht eure Liebe trägt die Ehe, sondern von nun an trägt die Ehe eure Liebe. Gott macht eure Ehe unauflöslich. [...] Gott fügt euch in der Ehe zusammen; das tut nicht ihr, sondern das tut Gott. Verwechselt eure Liebe zueinander nicht mit Gott. Gott macht eure Ehe unauflöslich, er schützt sie vor jeder Gefahr, die ihr von außen oder innen droht; Gott will der Garant ihrer Unauflöslichkeit sein. Es ist eine beglückende Gewissheit für den, der das weiß, dass keine Macht der Welt, keine Versuchung, keine menschliche Schwachheit auflösen kann, was Gott zusammenhält. [...] Frei von aller Bangigkeit, die der Liebe immer innewohnt, dürft ihr in Gewissheit und voller Zuversicht nun zueinander sagen: Wir können einander nie mehr verloren gehen, wir gehören einander durch Gottes Willen bis zum Tod."

(Widerstand und Ergebung – DBW 8,75f)

„Da traten Pharisäer zu ihm [Jesus] und versuchten ihn und sprachen: Ist's erlaubt, dass sich ein Mann aus irgendeinem Grund von seiner Frau scheidet? Er aber antwortete und sprach: Habt ihr nicht gelesen, dass der Schöpfer sie am Anfang schuf als Mann und Frau und sprach: ‚Darum wird ein Mann Vater und Mutter verlassen und an seiner Frau hängen, und die zwei werden ein Fleisch sein'? So sind sie nun nicht mehr zwei, sondern ein Fleisch. Was nun Gott zusammengefügt hat, das soll der Mensch nicht scheiden!" (Mt 19,3-6)

Bonhoeffer schrieb in seiner Tegeler Zelle eine Predigt zur Trauung von Renate und Eberhard Bethge am 15.05.1943. Diese „Traupredigt aus der Zelle“ zeigt die Ehe als einen Bund. Man könnte sagen: E-H-E – da werden Eine und Einer durch den Herrn miteinander verbunden. Zugleich sind sie aber eingebunden in ein noch größeres Beziehungsnetz. Bonhoeffer grenzt Liebe und Ehe hier eher voneinander ab und zeichnet sie fast als Gegensätze, wobei die Ehe sehr positiv, die Liebe eher negativ abschneidet. Liebe ist für ihn zunächst eine zwischenmenschliche Kraft und etwas, wo zwei sich gut und bequem auch selbst genügen können. Ehe versteht Bonhoeffer dagegen als etwas von Gott Gestiftetes. Sie ist eine feste Ordnung statt nur ein wankendes Gefühl. Man kann natürlich fragen, ob Liebe – theologisch verstanden und in Gott verankert, der Liebe ist (1Joh 4,16) – nicht doch mehr ist? Bonhoeffer geht hier offensichtlich von einem eher landläufigen Verständnis von Liebe aus, wie es aber sicher auch heute weit verbreitet ist. Und man kann natürlich angesichts der Scheidungsraten auch in unserm Land fragen, ob Ehen – empirisch gesehen – wirklich so stabil sind. Aber Bonhoeffer verankert Ehe anders – und diese Reich-Gottes-Perspektive ist letztlich entscheidend: Gegenüber aller Unsicherheit und Unbeständigkeit unserer Liebesfähigkeit betont Bonhoeffer den in Gottes heiliger Ordnung begründeten festen Stand der Ehe. Dieser Ehestand ist zugleich Gabe und Aufgabe – und zwar ausdrücklich zeitlich unbegrenzt, „bis dass der Tod sie scheidet“.

» Wie verstehe ich die Ehe? Als dauerhafte Verbindung eines Mannes und einer Frau oder auch in alternativen Verbindungen? Wie kann ich letztere biblisch-theologisch begründen? Ist Ehe (in Luthers Formulierungen gesprochen) ein „weltliches Ding", ein „göttlicher Stand" oder beides?
» Wie würde ich Ehe und Liebe aufeinander beziehen? Trägt die Ehe die Liebe?

» Ich danke für die göttliche Stiftung des Ehebundes und den Segen, der darauf liegt.
» Ich bitte für alle Ehepaare, dass sie beieinander bleiben, ihre Ehe gestalten, auf Gottes Zusagen und Gegenwart vertrauen und Krisen überwinden.
» Ich bitte für alle Singles und Verwitweten, dass sie tiefe Erfüllung erleben.
» Ich bitte für alle Menschen, die Sehnsucht nach einem/r Partner/in haben.

Tag 32
Kinder

„Gott hat auf die Ehe einen Segen und eine Last gelegt. Der Segen ist die Verheißung der Nachkommenschaft. Gott lässt die Menschen teilnehmen an seinem immerwährenden Schaffen; aber es ist doch immer Gott selbst, der eine Ehe mit Kindern segnet. ‚Kinder sind eine Gabe des Herrn' (Ps 127,3), und als solche sollen wir sie erkennen. Von Gott empfangen die Eltern ihre Kinder, und zu Gott sollen sie sie wieder führen. Darum haben die Eltern göttliche Autorität gegenüber ihren Kindern. Luther spricht von der ‚güldenen Kette', die Gott den Eltern umlegt, und das Halten des 4. Gebotes hat nach der Schrift die besondere Verheißung eines langen Lebens auf Erden. Weil und solange aber die Menschen auf Erden leben, hat Gott ihnen eine Erinnerung daran gegeben, dass diese Erde unter dem Fluch der Sünde steht und nicht das Letzte ist. Über der Bestimmung der Frau und des Mannes liegt der dunkle Schatten eines göttlichen Zorneswortes, liegt eine göttliche Last, die sie tragen müssen. Die Frau soll ihre Kinder mit Schmerzen gebären, und der Mann soll in seiner Sorge für die Seinen viele Dornen und Disteln ernten und seine Arbeit im Schweiße des Angesichts tun. Diese Last soll Mann und Frau dazu führen, zu Gott zu rufen, und sie an ihre ewige Bestimmung in seinem Reich erinnern. Die irdische Gemeinschaft ist nur ein Anfang der ewigen Gemeinschaft, das irdische Haus ein Abbild des himmlischen Hauses, die irdische Familie ein Abglanz der Vaterschaft Gottes über alle Menschen, die vor ihm Kinder sind."

(Widerstand und Ergebung – DBW 8,78f)

„Und sie brachten Kinder zu ihm [Jesus], damit er sie anrühre. Die Jünger aber fuhren sie an. Als es aber Jesus sah, wurde er unwillig und sprach zu ihnen: Lasset die Kinder zu mir kommen und wehret ihnen nicht, denn solchen gehört das Reich Gottes. Wahrlich, ich sage euch: Wer das Reich Gottes nicht empfängt wie ein Kind, der wird nicht hineinkommen. Und er herzte sie und legte die Hände auf sie und segnete sie." (Mk 10,13-16)

Bonhoeffers Gedanken über Kinder als Nachkommen sind ebenfalls Bestandteil der „Traupredigt aus der Zelle" für Renate und Eberhard Bethge. Mit der Zeugung bekommen Mann und Frau Anteil an Gottes Schöpferwirken. Bonhoeffer versteht Kinder als Frucht einer Ehe – wenn Gott sie aus Gnade schenkt. Obwohl er selbst bis zu seinem gewaltsamen Tod ledig und kinderlos blieb, war Bonhoeffer ja eingebunden in eine große Familie. Als sechstes Kind unter acht Geschwistern wuchs er auf in dem Bewusstsein, dass Kinder einen stabilen Rahmen brauchen, um sich gut entwickeln zu können. Bonhoeffer hat nach der Schilderung Eberhard Bethges in seinem Elternhaus eine strenge und konsequente, aber zugleich liebevoll-behütete und fördernde Erziehung erlebt. Manche Traditionen haben sich in den letzten 100 Jahren sicher verändert, aber der stabile Rahmen, der sich bei Bonhoeffer etwa in klaren Verhaltensregeln und einem strukturierten Tagesablauf äußerte, ist in einer komplexer und unsicherer gewordenen Welt vielleicht wichtiger denn je. Auch zum Thema „Autorität" äußert sich Bonhoeffer. An seine Verlobte Maria von Wedemeyer schrieb er später im Januar 1944 aus der Zelle: *„Die heutigen Menschen sind meist zu schwächlich, sie haben Angst, die Liebe ihrer Kinder zu verlieren, degradieren sich selbst zu Kameraden und Freunden ihrer Kinder und machen sich schließlich gerade dadurch ihnen entbehrlich. Mir ist diese Erziehung, die keine ist, greulich."*[5] Jesus selbst begegnete den Kindern mit großer Wertschätzung. Interessant ist, dass die gestern und heute zitierten Bibeltexte in Mt 19 und Mk 10 jeweils hintereinander liegen: Jesus nimmt sich der Kinder an, nachdem er sich zur Ehe geäußert hat. Für Eheleute sind Kinder Gabe und Aufgabe – wie die Ehe selbst –, aber im Gegensatz zur Ehe ist die (Erziehungs-)Aufgabe bis zum Loslassen eine zeitlich begrenzte.

» (Wie) erlebe ich den Segen von Nachkommen und die Last der Sorge um sie?
» Welche Erinnerungen habe ich an meine eigene Kindheit?
» Wie könnten der Mut zu Kindern und gute Perspektiven für sie angesichts einer anhaltenden hohen Zahl von Abtreibungen (v. a. in „reichen Ländern") gestärkt werden?

- Ich danke für allen Segen in meiner Kindheit und bei eigenen Kindern.
- Ich bitte um Heilung meiner Verletzungen aus der Kindheit.
- Ich bitte um Kraft für Paare, die ungewollt kinderlos sind.
- Ich bitte um eine tiefere Perspektive: Ich bin Kind meines Vaters im Himmel.

Tag 33
Abwesenheit

„Zunächst: Es gibt nichts, was uns die Abwesenheit eines uns lieben Menschen ersetzen kann, und man soll das auch gar nicht versuchen; man muss es einfach aushalten und durchhalten; das klingt zunächst sehr hart, aber es ist doch zugleich ein großer Trost; denn indem die Lücke wirklich unausgefüllt bleibt, bleibt man durch sie miteinander verbunden. Es ist verkehrt, wenn man sagt, Gott füllt die Lücke aus; er füllt sie gar nicht aus, sondern er hält sie vielmehr gerade unausgefüllt, und hilft uns dadurch, unsere echte Gemeinschaft – wenn auch unter Schmerzen – zu bewahren. Ferner: je schöner und voller die Erinnerungen, desto schwerer die Trennung. Aber die Dankbarkeit verwandelt die Qual der Erinnerung in eine stille Freude. Man trägt das vergangene Schöne nicht wie einen Stachel, sondern wie ein kostbares Geschenk in sich. Man muss sich hüten, in den Erinnerungen zu wühlen, sich ihnen auszuliefern, wie man auch ein kostbares Geschenk nicht immerfort betrachtet, sondern nur zu besonderen Stunden, und es sonst nur wie einen verborgenen Schatz, dessen man sich gewiss ist, besitzt; dann geht eine dauerhafte Freude und Kraft von dem Vergangenen aus. Ferner: Trennungszeiten sind für das Zusammenleben nicht verloren und unfruchtbar, sie brauchen es jedenfalls nicht zu sein, sondern es kann sich in ihnen – allen Problemen zum Trotz – eine ganz merkwürdig starke Gemeinschaft bilden. Weiter: Ich habe es hier besonders erfahren, dass die Tatsachen immer bewältigt werden können und dass nur die Sorge und die Angst sie vorher ins Maßlose vergrößern. Vom ersten

Aufwachen bis zum Einschlafen müssen wir den anderen Menschen ganz und gar Gott befehlen und ihm überlassen, und aus unseren Sorgen um den Andren Gebete für ihn werden lassen."

(Widerstand und Ergebung – DBW 8,255f)

„Lege mich wie ein Siegel auf dein Herz, wie ein Siegel auf deinen Arm. Denn Liebe ist stark wie der Tod und Leidenschaft unwiderstehlich wie das Totenreich. Ihre Glut ist feurig und eine gewaltige Flamme. Viele Wasser können die Liebe nicht auslöschen noch die Ströme sie ertränken. Wenn einer alles Gut in seinem Hause um die Liebe geben wollte, würde man ihn verachten?" (Hld 8,6f)

Am Heiligen Abend 1943 schreibt Dietrich Bonhoeffer einen sehr seelsorgerlichen Brief an Renate und Eberhard Bethge. Sein Freund und seine Nichte – die Tochter seiner ältesten Schwester Ursula – hatten am 15. Mai 1943 geheiratet. Er selbst schrieb aus der Gefängniszelle die Traupredigt, mit der wir uns schon in den letzten beiden Tagen beschäftigt haben. Wie diese die wohl tiefsten Ausführungen zur Ehe enthält, die uns von Bonhoeffer überliefert sind, so schreibt er in seinem Heiligabend-Brief vielleicht seine stärksten Sätze über den Umgang mit Zeiten der Trennung. Da Bethge im Auftrag der Abwehr als Schreiber in Italien stationiert war und der Abschied unmittelbar bevorstand, blickten die beiden einer ungewissen Begegnung entgegen – zumal Renate auch schwanger war; ihr erstes Kind, Dietrich Bethge, wurde im Mai 1944 geboren. Die frisch verheirateten Eheleute hatten – ähnlich wie Bonhoeffer und Maria von Wedemeyer – einen erheblichen Altersunterschied von 17 Jahren. So konnte sich Bonhoeffer natürlich gut hineinversetzen in die emotionale Situation seines nur um drei Jahre jüngeren Freundes und seiner jungen Braut. Er schreibt zudem ja selbst mit einer dreivierteljährigen Trennungserfahrung von allen seinen Lieben im Rücken. In warmherzigem, brüderlichem Ton beschreibt er sowohl nüchtern als auch empathisch Erfahrungen der Abwesenheit, die die beiden nun vor sich haben. Das Harte ist dabei das Tröstliche, denn aller Schmerz ist ja die Kehrseite der gewachsenen Liebe und Zuneigung. Bonhoeffer betont die Dankbarkeit füreinander, die Kostbarkeit der Erinnerung und den Wert aufgenötigter Trennungserfahrungen für die Tiefe einer Beziehung. Entscheidend ist für ihn, die aufkommenden Sorgen immer wieder im Gebet abzulegen.

» Welche zeitlich begrenzten Trennungen von geliebten Menschen habe ich bereits erlebt? Was war schwer dabei? Gab es auch etwas, was fruchtbar werden konnte?
» Fällt es mir leicht, die Sorgen um den/die Andere(n) im Gebet abzulegen?
» Welche endgültigen Abschiede habe ich schon erlebt? Wie habe ich sie verarbeitet?

» Ich danke für Gott, der meine Ehe, Beziehungen und Freundschaften segnet.
» Ich danke für Gottes Nähe bei allen Abschiedserfahrungen.
» Ich bitte um Bewahrung, Wachstum und dankbare Erinnerung in Zeiten und bei Erfahrungen des Verzichts, die ich oder andere aktuell erleben.
» Ich bitte um Heilung für Menschen, die schwer an Sorgen und Abschieden tragen.

Tag 34
Morgen

„Gott, zu dir rufe ich am frühen Morgen:
Hilf mir beten und meine Gedanken sammeln;
ich kann es nicht allein. ------
In mir ist es finster, aber bei dir ist Licht.
Ich bin einsam, aber du verlässt mich nicht.
Ich bin kleinmütig, aber bei dir ist die Hilfe.
Ich bin unruhig, aber bei dir ist Frieden.
In mir ist Bitterkeit, aber bei dir ist die Geduld.
Ich verstehe deine Wege nicht,
aber du weißt den rechten Weg für mich."

(Widerstand und Ergebung – DBW 8,204f)

„Gott der HERR hat mir eine Zunge gegeben, wie sie Jünger haben, dass ich wisse, mit den Müden zu rechter Zeit zu reden. Er weckt mich alle Morgen; er weckt mir das Ohr, dass ich höre, wie Jünger hören. Gott der HERR hat mir das Ohr geöffnet. Und ich bin nicht ungehorsam und weiche nicht zurück." (Jes 50,4f)

Auch die Morgengebete gehören zu den kleinen geistlichen Werken, die Bonhoeffer für seine Mitgefangenen im Tegeler Gefängnis schrieb. Bereits im Buch „Gemeinsames Leben“ hatte er sich zur geistlichen Bedeutung des Morgens geäußert. Den Hintergrund dafür bildeten die Erfahrungen mit dem Tagesablauf im Finkenwalder Predigerseminar (1935-37). Der begann *„mit dem gemeinsamen Gottesdienst in der Frühe des Tages“* (DBW 5,37). Das gemeinsame Beten und Singen durchbricht das Schweigen der Nacht und die Stille des Morgens. Dieser zeitliche Ablauf zeigt zugleich, was Priorität hat: Gott gehört das Erste, was gesagt und gedacht wird. Die biblischen Belege dafür findet Bonhoeffer v. a. im Psalter (Ps 5,4; 46,6; 57,8f; 63,2; 88,14; 119,147) und in der Weisheitsliteratur des Alten Testaments. Gott ist der Herr über jeden neuen Tag, weil er ihn gemacht hat. Das Licht Jesu Christi durchbricht das Dunkel der Nacht und lässt auch die Lasten und Schwierigkeiten des beginnenden Tages in einer anderen Perspektive erscheinen.

Bonhoeffer ist davon überzeugt: Wer am frühen Morgen die Gegenwart Gottes sucht, der wird anders durch den Tag gehen – durchaus auch mit mehr Ruhe und Gewissheit. Bonhoeffer weiß aus eigener Erfahrung, wie zerfasernd Gedanken und wie nutzlos Worte sein können. Eine Aufmerksamkeit von Anfang an für den, *„dem unser ganzes Leben gehört"* (DBW 5,37), kann hier heilsam sein und uns helfen, uns auf das Wesentliche zu konzentrieren und zu beschränken. Denn letztlich geht es immer darum, welchen Gedanken und Worten wir in unserem Leben Raum geben. Bonhoeffer erinnert daran, dass auch biblische Glaubensgestalten wie Abraham, Jakob, Mose, Josua und sogar Jesus früh aufstanden, um Gottes Gegenwart zu suchen.

Das Tegeler „Morgengebet für Gefangene" schöpft aus diesen Überzeugungen sowie aus dem, was Bonhoeffer wahrscheinlich im Sommer 1935 in einer kleinen biblischen Besinnung über den Morgen (DBW 14,871-875) formuliert hat: Es ist wertvoll, Gott in der Frühe zu suchen und ihm die eigene Armut hinzuhalten. Auch wenn bei uns Finsternis, Einsamkeit, Mutlosigkeit, Unruhe, Bitterkeit und Unverständnis vorherrschen, so strecken wir uns doch im Vertrauen aus nach Gottes Licht, Gemeinschaft, Hilfe, Frieden, Geduld und Führung.

» Wie starte ich in den Tag? Gebe ich Gott die Möglichkeit, bereits am Morgen mein Denken und Reden zu prägen? Was hält mich davon ab?

» Kann mir vielleicht das Lesen der Herrnhuter Losung oder des jeweiligen Bibelabschnitts der Ökumenischen Bibellese eine tägliche Hilfe sein?

» Traue ich es Gott zu, dass „unsere Verlegenheiten seine Gelegenheiten" und „unsere Probleme das Material für seine Wunder" sein können (Corrie ten Boom)?

» Ich danke für diesen Morgen und einen neuen Tag, den Gott mir schenkt.

» Ich danke dafür, dass Gott mir auch an diesem Tag begegnet und mich erfüllt.

» Ich bitte um Gottes Stärkung, die meine Schwachheit und Unruhe verwandelt.

» Ich bitte um Gottes Hilfe für die, die voller Sorgen und Angst in diesen Tag gehen.

» Ich bitte um Gelegenheiten, gemeinsam mit anderen Christen Gott am Morgen zu begegnen (Gebet, Bibellesen, Andacht).

Tag 35
Abend

„Herr, mein Gott,
ich danke dir, dass du diesen Tag zu Ende gebracht hast.
Ich danke dir, dass du Leib und Seele zur Ruhe kommen lässt.
Deine Hand war über mir und hat mich behütet und bewahrt.
Vergib allen Kleinglauben und alles Unrecht dieses Tages
und hilf, dass ich gern denen vergebe,
die mir Unrecht getan haben.
Lass mich in Frieden unter deinem Schutze schlafen
und bewahre mich vor den Anfechtungen der Finsternis.
Ich befehle dir die Meinen, ich befehle dir dieses Haus,
ich befehle dir meinen Leib und meine Seele.
Gott, dein heiliger Name sei gelobt. Amen."

(Widerstand und Ergebung – DBW 8,207)

„Und sie [die beiden Jünger] kamen nahe an das Dorf, wo sie hingingen. Und er [Jesus] stellte sich, als wollte er weitergehen. Und sie nötigten ihn und sprachen: Bleibe bei uns; denn es will Abend werden, und der Tag hat sich geneigt. Und er ging hinein, bei ihnen zu bleiben." (Lk 24,28f)

Mit dem Abendgebet wird der zu Ende gehende Tag bewusst in Gott verankert und gewissermaßen an ihn zurückgegeben. Das ist mit Dankbarkeit verbunden: Gott ist der Herr über diesen Tag und er kann uns Ruhe und Gelassenheit über dem finden lassen, was der Tag gebracht hat. Eine wichtige Rolle nimmt auch hier die Sündenvergebung ein: Zum einen beten wir dafür, dass Gott uns alles vergibt, was an diesem Tag an Schuld und Vergehen auf uns lastet. Zum anderen bitten wir darum, dass wir loslassen und allen vergeben können, die an uns schuldig geworden sind. *„Lasst die Sonne nicht über eurem Zorn untergehen.“* (Eph 4,26) Wer in diesem Frieden in die Nacht gehen kann, der wird auch besseren Schlaf finden. Dennoch ist sich Bonhoeffer bewusst – wie schon die großen Theologen der Alten Kirche und die Wüstenväter –, dass auch die Finsternis bedrohlich wirken und die Anfechtung auch im Traum zu schaffen machen kann. Deshalb ist die Bitte um Bewahrung und Schutz nicht einfach nur ein Reflex, sondern ganz ernst gemeint. Das Gebet endet jedoch nicht beim Beter selbst, sondern – nach einer Segensbitte für die Angehörigen – mit dem Lob Gottes.

In seinem Buch „Gemeinsames Leben“ hat Bonhoeffer über die geistliche Bedeutung des Abends nachgedacht – und der

Niederschlag findet sich auch noch vier Jahre nach dessen Veröffentlichung im „Abendgebet für Gefangene": Für die Studien- und Lebensgemeinschaft im Finkenwalder Predigerseminar (1935-37) sollte die Abendandacht *„wirklich am Ende des Tages stehen und so das letzte Wort vor der Nachtruhe sein."* (DBW 5,62) Diese bestand aus Psalmengebet, Schriftlesung, Lied und gemeinsamem Gebet, das v. a. der Fürbitte vorbehalten ist. Wenn das eigene Tageswerk vollbracht ist, können wir es in aller Gelassenheit Gott anbefehlen. Auch die Bitte Gottes um Vergebung eigener Schuld und um die Bereitschaft, das Unrecht anderer vergeben zu können, nahm hier in Bonhoeffers Denken in Theorie und Praxis bereits breiten Raum ein: *„Es ist eine entscheidende Regel jeder christlichen Gemeinschaft, dass alle Zertrennung, die der Tag angerichtet hat, am Abend geheilt sein muss. Es ist gefährlich für den Christen, sich mit unversöhntem Herzen schlafen zu legen"* (DBW 5,63).

» Wie beende ich meinen Tag? Mit Zerstreuung oder indem ich todmüde ins Bett falle? Oder mit Zeit zum Zurückschauen, Reflektieren und Dank an Gott?
» Lebe ich so, dass Gott uns den Abend und den Abschluss der Arbeit gönnt? Kann ich mein Tageswerk aus der Hand legen und Gott anbefehlen oder gehe ich noch mit Sorgen ins Bett und habe das Dauergefühl, nichts zu schaffen?
» Habe ich Gott schon einmal eingeladen, auch am Abend bei mir zu bleiben?

- Ich danke für den heilsamen Rhythmus von Tag und Nacht, Morgen und Abend.
- Ich danke für die Gegenwart Gottes und dass meine Zeit in seinen Händen liegt.
- Ich bitte um einen gelassenen Blick auf mein Tageswerk.
- Ich bitte, am Ende jedes Tages meine eigene Schuld von Gott vergeben zu bekommen und bereit zu sein, anderen zu vergeben, wo sie an mir schuldig geworden sind.

Tag 36
Schlafen

„Schließlich fällt uns bei allen alten Abendgebeten auf, wie häufig die Bitte um Bewahrung in der Nacht vor dem Teufel, Schrecken, vor bösem, schnellem Tod begegnet. Die Alten wussten noch etwas von der Ohnmacht des Menschen im Schlaf, von der Verwandtschaft des Schlafes mit dem Tode, von der List des Teufels, den Menschen zu Fall zu bringen, wenn er wehrlos ist. Darum beteten sie um den Beistand der heiligen Engel und ihrer güldenen Waffen, um die Gegenwart der Heerscharen Gottes, wenn der Satan Gewalt über uns gewinnen will. Am merkwürdigsten und tiefsten ist die altkirchliche Bitte, Gott wolle, wenn unsere Augen schlafen, doch unser Herz wach sein lassen zu ihm. Es ist das Gebet darum, dass Gott bei uns und in uns wohnen wolle, auch wenn wir nichts spüren und wissen, dass er unser Herz rein und heilig halten wolle vor allen Sorgen und Anfechtungen der Nacht, dass er es bereit machen wolle, seinen Ruf jederzeit zu hören und wie der Knabe Samuel auch des Nachts zu antworten: ‚Rede, Herr, dein Knecht hört" (1Sam 3,10). Auch im Schlafen sind wir in der Hand Gottes oder in der Gewalt des Bösen. Auch im Schlafen kann Gott an uns Wunder schaffen oder der Böse in uns Verheerung anrichten."

(Gemeinsames Leben S. 87f – DBW 5,63f)

„Ich hebe meine Augen auf zu den Bergen. Woher kommt mir Hilfe? Meine Hilfe kommt vom HERRN, der Himmel und Erde gemacht hat. Er wird deinen Fuß nicht gleiten lassen, und der dich behütet, schläft nicht. Siehe, der Hüter Israels schläft noch schlummert nicht. Der HERR behütet dich; der HERR ist dein Schatten über deiner rechten Hand, dass dich des Tages die Sonne nicht steche noch der Mond des Nachts." (Ps 121,1-6)

Der Schlaf ist eine Zeit der Ruhe und Regeneration – man möchte meinen, damit auch automatisch eine Zeit des Friedens und der Entspannung. Dass das nicht zwangsläufig so ist, wissen alle, die entweder gar nicht richtig einschlafen können oder im Schlaf von Albträumen und unruhigen Gedanken heimgesucht werden.

So sieht Bonhoeffer hier auch tiefer und beschreibt, dass wir

Menschen grundsätzlich umkämpfte Wesen sind. Gott und seine Heerscharen, aber auch der Satan und die Gewalt des Bösen ringen um uns. In einer Predigt über den Sturm auf dem See und den schlafenden Jesus (Mt 8,23ff) im Januar 1933 zeigt Bonhoeffer, dass diese Tatsache auch für Christen gilt, die mit Jesus schon unterwegs sind: *„Wo Christus im Schiff ist, da beginnt es immer zu stürmen. Da greift die Welt mit allen bösen Mächten nach ihm, sie will ihn mit seinen Jüngern vernichten, sie empört sich gegen ihn, sie hasst ihn. Das muss der Christ wissen.“* (DBW 12,446)

Der Kampf um unser Leben und unsere Gedanken geht auch im Schlaf weiter. Schon frühchristliche Theologen haben das gewusst. Bonhoeffer nimmt diesen Aspekt auf und betont, dass Christen folgerichtig Gottes Beistand benötigen, wenn sie mit Leib und Seele zur Ruhe gekommen sind.

Am Beispiel des schlafenden Adam zeigt Bonhoeffer, dass Gott an ihm handelt und etwas tut, was der Mensch nicht vermag und auch nicht ganz ergründen kann. (DBW 3,90) Das Schlafen bezieht sich dabei vor allem auf den Leib, während der Geist bzw. die Seele – wie auch beim Tod – für Christus empfänglich bleibt: *„Schlafen ist Zustand der Ruhe, zugleich aber Teilnahme an den Werken Gottes auf Erden, also nicht Untätigkeit.“* (DBW 15,359) Zum einen spricht Gott in der Bibel immer wieder Menschen im Traum an und offenbart ihnen etwas. Zum anderen gilt auch: Was mich am Tag belastet und ich nicht loswerde, das *„sind oft genug Nachtgespenster“* (DBW 14,872), die auch den nächsten Tag bestimmen. Es ist also entscheidend, mit welchen Gedanken wir schlafen gehen und welchen Mächten wir uns im Schlaf anbefehlen und aussetzen.

» In welcher Verfassung gehe ich schlafen? Welche Sorgen oder Gewissheiten nehme ich mit ins Bett? Wie ruhig oder unruhig kann ich (ein)schlafen?
» Bin ich mir bewusst, dass ich auch im Schlaf ein umkämpftes Wesen bin?
» Hat mir Gott schon einmal etwas durch einen Traum offenbart?

» Ich danke für alle Ruhe, Regeneration und Bewahrung, die Gott im Schlaf schenkt.
» Ich danke, dass Gott nicht schläft und über uns wacht, wenn wir ruhen.
» Ich bitte, dass Gott meine Gedanken und Träume in der Nacht bestimmt.
» Ich bitte für Menschen, die nicht schlafen können und Albträume haben.

Tag 37
Sehnsucht

„Menschen gehen zu Gott in ihrer Not,
flehen um Hilfe, bitten um Glück und Brot,
um Errettung aus Krankheit, Schuld und Tod.
So tun sie alle, alle, Christen und Heiden.
Menschen gehen zu Gott in Seiner Not,
finden ihn arm, geschmäht, ohne Obdach und Brot,
sehn ihn verschlungen von Sünde, Schwachheit und Tod.
Christen stehen bei Gott in Seinen Leiden.
Gott geht zu allen Menschen in ihrer Not,
sättigt den Leib und die Seele mit Seinem Brot,
stirbt für Christen und Heiden den Kreuzestod,
und vergibt ihnen beiden."

(Widerstand und Ergebung – DBW 8,515f)

„Jesus aber sprach zu ihnen: Ich bin das Brot des Lebens. Wer zu mir kommt, den wird nicht hungern; und wer an mich glaubt, den wird nimmermehr dürsten. Aber ich habe euch gesagt: Ihr habt mich gesehen und glaubt doch nicht. Alles, was mir der Vater gibt, das kommt zu mir; und wer zu mir kommt, den werde ich nicht hinausstoßen. [...] Denn das ist der Wille meines Vaters, dass, wer den Sohn sieht und glaubt an ihn, das ewige Leben habe; und ich werde ihn auferwecken am Jüngsten Tage.“ (Joh 6,35-37.40)

Das Gedicht „Christen und Heiden“ beschreibt eine dreifache Bewegung: Menschen gehen zu Gott mit eigenen Anliegen. Menschen gehen zu Gott wegen seiner Anliegen. Gott geht zu allen Menschen. Dieser Dreiklang beschreibt eine Steigerung: Dass Notleidende Gottes Gegenwart suchen, ist ein allgemeiner und verständlicher religiöser Zug. Dass Menschen aber Gottes Not wahrnehmen – und der Blick geht hier auf das Kreuz Jesu Christi –, das ist schon bemerkenswert.

Das eigentliche Wunder ist aber die Bewegung Gottes zu allen Menschen, die alle religiösen Suchbewegungen von Menschen zu Gott hin noch einmal überbietet. Diese dreifache Bewegung entspringt jeweils einer Sehnsucht. Bonhoeffer rechnet offensichtlich trotz Aufklärung und Fortschrittsglaube damit, dass selbst Heiden in der Not sehnsüchtig nach Gott fragen. Doch dabei bleibt Bonhoeffer nicht stehen, denn er *„möchte von Gott nicht an den Grenzen, sondern in der Mitte, nicht in den Schwächen, sondern in der Kraft, nicht also bei Tod und Schuld, sondern im Leben und im Guten des Menschen sprechen.“* (DBW 8,407f) Eine stärkere Sehnsucht nach Gott liegt dann mitten im Leben vor, wenn sich jemand nicht aufgrund eigener Nöte, sondern wegen Gottes Anliegen zu ihm bewegt. Denn Gott identifiziert sich in Jesus Christus mit den Nöten der Welt und möchte seine Nachfolger sensibel dafür machen und an seinem heilsamen Wirken beteiligen. So sagt Jesus: *„Was ihr getan habt einem von diesen meinen geringsten Brüdern, das habt ihr mir getan.“* (Mt 25,40b) Gott leidet mit dem Armen und Obdachlosen mit – ja, er wird selbst arm und obdachlos, indem er Mensch wird. Das ist die dritte und entscheidende Bewegung, die große Sehnsucht Gottes. Gott hält es nicht aus bei sich selbst, es treibt ihn hinab zu uns Menschen. In Jesus, dem „Brot des Lebens“, gibt er sich selbst so, dass alle davon satt werden können. Seine Vergebungsbereitschaft gilt allen Menschen, die sich durch Jesus mit ihm versöhnen lassen – unabhängig davon, ob sie äußerlich ein sehr „religiös-christliches“ Leben geführt haben. Gottes Heilswille ist universal, sein Heilsweg hat aber seinen Brennpunkt im Leben, Sterben und Auferstehen Jesu Christi.

» Wie werden Menschen heute mit ihrer Not fertig? Gehen sie noch zu Gott?
» Wo sehe ich Gottes Anliegen, die ich zu meinen Anliegen machen kann?
» Was bedeutet es, dass Gott sich mit der Not aller Menschen identifiziert?

» Ich danke, dass Gott eine Sehnsucht in unser Herz gelegt hat, ihn zu suchen.
» Ich danke, dass Gott in Jesus zu allen Menschen gekommen ist, um uns umfassend mit Leib und Seele satt zu machen und zu erlösen.
» Ich bitte um Selbsterkenntnis, dass ich dieses heilsame Wirken Gottes brauche.
» Ich bitte um Umkehr, dass Menschen Gottes Sehnsucht und Hingabe erkennen.

Tag 38
Sorgen

„Sorget nicht! Die Güter spiegeln dem menschlichen Herzen vor, ihm Sicherheit und Sorglosigkeit zu geben; aber in Wahrheit verursachen sie gerade erst die Sorge. Das Herz, das sich an die Güter hängt, empfängt mit ihnen die erstickende Last der Sorge. Die Sorge schafft sich Schätze, und die Schätze schaffen wieder die Sorge. Wir wollen unser Leben durch die Güter sichern, wir wollen durch Sorge sorglos werden; aber in Wahrheit erweist sich das Gegenteil. Die Fesseln, die uns an die Güter binden, die die Güter festhalten, sind selbst Sorgen. Der Missbrauch der Güter besteht darin, dass wir sie zur Sicherung für den nächsten Tag gebrauchen. Sorge ist immer auf das Morgen gerichtet. Die Güter aber sind in dem strengsten Sinn allein für das Heute bestimmt. Gerade die Sicherung für den morgigen Tag macht mich heute so unsicher. […] Wer das Morgen ganz in die Hand Gottes legt und heute ganz empfängt, was er zum Leben braucht, der allein ist wahrhaft gesichert. Das tägliche Empfangen macht mich frei vom Morgen. Der Gedanke an das Morgen liefert mich der unendlichen Sorge aus. […] Nicht die Sorge macht den Jünger sorglos, sondern der Glaube an Jesus Christus. Nun weiß er: Wir *können* gar nicht sorgen. Der nächste Tag, die nächste Stunde ist uns gänzlich entnommen. Es ist sinnlos, so zu tun, als könnten wir überhaupt sorgen. Wir können ja an den Zuständen der Welt nichts ändern. Gott allein kann sorgen, weil er die Welt regiert. Weil wir nicht sorgen können, weil wir so völlig ohnmächtig sind, darum sollen wir auch nicht sorgen. Wir maßen uns damit das Regiment Gottes an. […] Nicht die Sorge, aber auch nicht die Arbeit schafft das tägliche Brot, sondern Gott der Vater.“

(Nachfolge 177f – DBW 4,171f)

„Darum sage ich euch: Sorgt euch nicht um euer Leben, was ihr essen und trinken werdet; auch nicht um euren Leib, was ihr anziehen werdet. Ist nicht das Leben mehr als die Nahrung und der Leib mehr als die Kleidung? […] Denn euer himmlischer Vater weiß, dass ihr all dessen bedürft. Trachtet zuerst nach dem Reich Gottes und nach seiner Gerechtigkeit, so wird euch das alles zufallen. Darum sorgt nicht für morgen, denn der morgige Tag wird für das Seine sorgen. Es ist genug, dass jeder Tag seine eigene Plage hat.“ (Mt 6,25.32b-34)

Bonhoeffer hat v. a. in den letzten Jahren seines Lebens ein unsicheres und recht unstetes Leben geführt. Mit der Schließung des Finkenwalder Predigerseminars durch die Gestapo im Herbst 1937 und dem Beginn der Sammelvikariate in Hinterpommern begann seine Nomadenexistenz ohne festen Wohnort und Arbeitsplatz. Von 1940 bis zu seiner Verhaftung 1943 war er praktisch permanent unterwegs auf Reisen – allein das Berliner Wohnhaus seiner Eltern bildete einen gewissen Haftpunkt. Zunehmend wurde ab August 1940 auch sein Wirkungskreis eingeschränkt: Er sollte nicht mehr öffentlich sprechen, musste sich regelmäßig bei der Polizei melden und durfte schließlich keine Schriften mehr veröffentlichen.

Dennoch ließ sich Bonhoeffer nicht von Sorgen zerfressen. Wie oft wird er sich später noch an das erinnert haben, was er von 1935 bis 1937 über das Sorgen in seinem Buch „Nachfolge" geschrieben hat? Seine häufigsten persönlichen Äußerungen über dieses Thema finden sich nicht zufällig in seinen Briefen aus der Haft, wo er seine Adressaten fast gebetsmühlenartig bittet, sich keine Sorgen um ihn zu machen. An seine Eltern schrieb er etwa im August 1943: *„Vor allem macht euch bitte um mich so wenig wie möglich Sorge. Ich halte alles gut aus und bin innerlich ganz ruhig."* (DBW 8,134) Doch verband Bonhoeffer solche Worte immer mit der Bitte um Gebet und die Gewissheit der Führung Gottes in schwerer Zeit. Beispielhaft für seine Haltung kann der Inhalt des Liedes „„Befiehl du deine Wege" (EG 361) von Paul Gerhardt gelten, den Bonhoeffer zeitlebens bis in die Zeit seiner Gefangenschaft sehr schätzte: Alle Sorgen und Nöte haben einen sicheren Adressaten in Gott, dessen Führung uns auch in Notzeiten gewiss ist.

» Welche materiellen Werte und Güter verleiten mich zum Sorgen? Wie kann ich frei davon werden bzw. darauf achten, dass sie mich nicht binden?
» Gibt es einen Unterschied zwischen krank machender Sorge einerseits und verantwortungsvoller Fürsorge bzw. Vorsorge andererseits?
» Zu welchem Wagnis gelebter Jesus-Nachfolge lädt mich Gott heute ein?

» Ich danke für Gottes umfassende Fürsorge gegenüber mir und allen Menschen.
» Ich bitte darum, von Sorgen, die mich quälen, frei zu werden und sie loslassen zu können.
» Ich bitte um Vertrauen in Gottes Führung auch auf unsicheren, neuen Wegen.

Tag 39
Abschied

„Du gingst, geliebtes Glück und schwer geliebter Schmerz.
Wie nenn' ich dich? Not, Leben, Seligkeit,
Teil meiner selbst, mein Herz, – Vergangenheit?
Es fiel die Tür ins Schloss,
ich höre deine Schritte langsam sich entfernen und verhallen.
Was bleibt mir? Freude, Qual, Verlangen?
Ich weiß nur dies: Du gingst – und alles ist vergangen. […]
Wie die Sonne über dem Meer immer rascher sich senkt
als zöge es sie in die Finsternis, so sinkt und sinkt und sinkt
ohne Aufhalten dein Bild ins Meer des Vergangenen,
und ein paar Wellen begraben es. […]
Ich strecke die Hände aus und bete und ich erfahre das Neue:
Vergangenes kehrt dir zurück
als deines Lebens lebendigstes Stück
durch Dank und durch Reue.
Fass' im Vergangenen Gottes Vergebung und Güte,
bete, dass Gott dich heut' und morgen behüte."

(Widerstand und Ergebung – DBW 8,468-471)

„Ich will euch nicht als Waisen zurücklassen; ich komme zu euch. Es ist noch eine kleine Zeit, dann sieht die Welt mich nicht mehr. Ihr aber seht mich, denn ich lebe, und ihr sollt auch leben.“ (Joh 14,18f)

In seiner Gefängniszelle begann Bonhoeffer ab Sommer 1944 – also in der letzten Tegeler Phase – zum ersten Mal seit seiner Jugendzeit wieder zu dichten. Nach dem Urteil Eberhard Bethges versuchte er damit, seine Isolation zu bewältigen. Das hier abgedruckte Gedicht „Vergangenheit“ ist das früheste dieser Werke.

Im Begleitbrief an seine Verlobte schrieb Bonhoeffer: *„Dies ist für Dich, nur für Dich. Ich zögerte, es zu schicken, weil ich fürchtete, es könnte Dich erschrecken. Das darf es nicht und kann es wohl auch nicht, wenn Du spürst, was dahinter steht.“*[6] Das Gedicht spiegelt über weite Teile natürlich den Schmerz, die

Zerrissenheit und die Unruhe wider, die sich aus der Endgültigkeit von Abschieden und aus der Schwierigkeit des Loslassens ergibt. Das wirkt fast deprimierend, weil Bonhoeffer hier auch mit drastisch-dramatischer Sprache arbeitet. Aber dann weiß Bonhoeffer auch um die Hoffnung auf Neues: Wer der Vergangenheit mit Dank und Reue begegnet und Gewesenes so bewusst verarbeitet, dem eröffnet sich auch Zukunft. Wer aus der Vergebung und der Gnade Gottes lebt, der bleibt nicht in der Vergangenheit hängen, sondern streckt sich damit aus nach vorn und kann um Gottes Bewahrung im Heute und Morgen beten.

Vielleicht hören wir hier aus dem Gefängnis eine andere, ernstere Tonlage als Jahre zuvor in der „Nachfolge" und im „Gemeinsamen Leben". Doch Bonhoeffer hat seine Grundüberzeugungen und seinen ermutigenden Grundzug nie aufgegeben. Im April 1944 äußerte er auch selbst, er *„stehe ganz unter dem Eindruck, dass mein Leben – so merkwürdig das klingt – völlig geradlinig und ungebrochen verlaufen ist, jedenfalls was die äußere Führung des Lebens angeht."* (DBW 8,391) Bonhoeffers Leben wurde am 09. April 1945 in Flossenbürg gewaltsam beendet. Die Interpretation seiner Briefe und Gedichte aus der Haft bleibt schwierig. Manches in seinem Leben ist einfach Fragment geblieben. Aber das Vertrauen in die Führung Gottes, die zentrale Bedeutung der Menschwerdung Gottes in Jesus Christus und das Ja zur Welt als Gottes gute Schöpfung zieht sich wie ein roter Faden durch Bonhoeffers Werk. Wir können bis heute viel daraus lernen.

» Wie intensiv empfinde ich Momente von Glück und Schmerz? Bin ich eher innerlich abgehärtet oder kann ich Bonhoeffers Emotionalität verstehen?
» Kenne ich die Erfahrung, in einer guten oder schweren Vergangenheit irgendwie festzustecken? Was hilft mir beim Verarbeiten dessen, was gewesen ist? Was gibt mir Mut und Kraft, neu aufzubrechen?
» Wie gut kann ich Vergangenes loslassen? Wie denke ich über meinen eigenen Tod? Was gibt mir Hoffnung, die Hände auszustrecken und Neues zu ergreifen?
» Kann ich einen „roten Faden“ erkennen, der sich durch mein Leben zieht? Auf was möchte ich am Ende meines Lebens einmal dankbar zurückblicken können?

» Ich danke für intensive Erfahrungen von Glück und Schmerz, die mich daran erinnern, dass ich ein lebendiges und von Gott geliebtes Wesen bin.
» Ich bitte, dass ich gut loslassen kann, was mich auf meine Vergangenheit festlegt und daran hindert, mich auszustrecken und Neues zu ergreifen.
» Ich bitte um eine dankbare Haltung für das, was gut war, sowie um ehrliche Reue und den Mut zur Umkehr von falschen Wegen.

Tag 40
Geborgenheit

„Von guten Mächten treu und still umgeben,
behütet und getröstet wunderbar,
so will ich diese Tage mit euch leben
und mit euch gehen in ein neues Jahr.

Noch will das Alte unsre Herzen quälen,
noch drückt uns böser Tage schwere Last.
Ach Herr, gib unsern aufgeschreckten Seelen
das Heil, für das du uns geschaffen hast.

Und reichst du uns den schweren Kelch, den bittern
des Leids, gefüllt bis an den höchsten Rand,
so nehmen wir ihn dankbar ohne Zittern
aus deiner guten und geliebten Hand.

Doch willst du uns noch einmal Freude schenken
an dieser Welt und ihrer Sonne Glanz,
dann wolln wir des Vergangenen gedenken,
und dann gehört dir unser Leben ganz.

Lass warm und hell die Kerzen heute flammen,
die du in unsre Dunkelheit gebracht,
führ, wenn es sein kann, wieder uns zusammen.
Wir wissen es, dein Licht scheint in der Nacht.

Wenn sich die Stille nun tief um uns breitet,
so lass uns hören jenen vollen Klang

der Welt, die unsichtbar sich um uns weitet,
all deiner Kinder hohen Lobgesang.

Von guten Mächten wunderbar geborgen,
erwarten wir getrost, was kommen mag.
Gott ist bei uns am Abend und am Morgen
und ganz gewiss an jedem neuen Tag.“

(Widerstand und Ergebung – DBW 8,607f)

„Der HERR ist deine Zuversicht, der Höchste ist deine Zuflucht. Es wird dir kein Übel begegnen, und keine Plage wird sich deinem Hause nahen. Denn er hat seinen Engeln befohlen, dass sie dich behüten auf allen deinen Wegen, dass sie dich auf den Händen tragen und du deinen Fuß nicht an einen Stein stoßest.“ (Ps 91,9-12)

„Von guten Mächten“ (Dezember 1944) ist vielleicht das bekannteste Gedicht und zugleich das letzte theologische Zeugnis Bonhoeffers, das uns – bis in die kirchlichen Gesangbücher hinein – überliefert ist. Hilfreich zur Interpretation ist der Begleitbrief zum Gedicht an Maria von Wedemeyer vom 19.12.1944, in dem Bonhoeffer schreibt: *„Es ist ein großes unsichtbares Reich, in dem man lebt und an dessen Realität man keinen Zweifel hat. Wenn es im alten Kinderlied von den Engeln heißt: ‚Zweie, die mich decken, zweie, die mich wecken', so ist diese Bewahrung am Abend und am Morgen durch gute unsichtbare Mächte etwas, was wir Erwachsenen heute nicht weniger brauchen als die Kinder.“*[7]

Bonhoeffer schickte dieses Gedicht seiner Familie. Man kann ihn also durchaus mit dem „Ich“ in der ersten Strophe identifizieren. Er ist räumlich getrennt von seinen Lieben – und doch geistlich mit ihnen verbunden, weil er unter dem Schutz und Trost von guten Mächten steht. Die Lasten und Nöte werden nicht verschwiegen – doch das Bewusstsein um Gottes gute Führung und seine heilsame Gegenwart umfangen die schweren Erfahrungen.

Zunächst spricht Bonhoeffer von „guten Mächten“ – der Zielpunkt ist dann aber „Gott“ in der letzten Strophe. Unzählige Menschen haben es aufgrund der starken existenziellen Bezüge leicht gehabt, eigene Erfahrungen von Not und Leid mit diesen Zeilen in Verbindung zu bringen. „Von guten Mächten“ ist ein kleines Meisterwerk, mit dem wir uns bis heute auf den Weg zu Gott machen können, der uns persönlich zugewandt ist und den wir konkret erfahren sollen.

» Was meint Bonhoeffer konkret mit „guten Mächten“? Sind damit auch Engel gemeint? Können sie überhaupt vom lebendigen Gott losgelöst werden, wie es heute im allgemein-religiösen Bereich oft geschieht?

» Bin ich bereit, wie Bonhoeffer die „guten Mächte“ mit dem konkreten Gott der Bibel zu identifizieren, der seinen Kindern Heil, Schutz und Licht gewährt?

» Ich danke für das himmlische Reich und die unsichtbaren Mächte um uns herum.

» Ich danke für Gottes Führung durch schwere Zeiten, aber auch für die Freude, die er schenkt.

» Ich bitte um Geborgenheit und Ruhe in Gott für alle rastlosen Menschen.

» Ich bitte um Klarheit, Gott nicht nur allgemein-religiös zu denken, sondern als den, der uns persönlich „und ganz gewiss an jedem neuen Tag“ zugewandt ist.

Anmerkungen

1 Luther, Martin: Einweihung eines neuen Hauses zum Predigtamt des göttlichen Wortes, erbaut im kurfürstlichen Schloss zu Torgau, in: Deutsch-Deutsche-Studienausgabe, Band 2 – Wort und Sakrament, hg. v. Dietrich Korsch u. Johannes Schilling, Leipzig 2015, S. 851-891, hier: S. 855.

2 Metaxas, Eric: Bonhoeffer. Pastor, Agent, Märtyrer und Prophet, Holzgerlingen 2011, S. 555.

3 Luther, Martin: Von der Freiheit eines Christenmenschen, in: Deutsch-Deutsche-Studienausgabe, Band 1 – Glaube und Leben, hg. v. Dietrich Korsch, Leipzig 2012, S. 277-315, hier: S. 315.

4 Ruth-Alice von Bismarck/Ulrich Kabitz (Hg.): Brautbriefe Zelle 92. Dietrich Bonhoeffer - Maria von Wedemeyer 1943-1945, München 2006, S. 38.

5 A. a. O., S. 125.

6 A. a. O., S. 195.

7 A. a. O., S. 208.

Sandro Göpfert

40 Tage mit C. S. Lewis

Ein Andachtsbuch

176 Seiten, Hardcover
ISBN 978-3-7655-3735-6

„Ich glaube an Christus, so wie ich glaube, dass die Sonne aufgegangen ist, nicht nur, weil ich sie sehe, sondern weil ich durch sie alles andere sehen kann."

C. S. Lewis: „exzentrisches Genie" und „prophetischer Denker" (Alister McGrath), humorvoller Freund und tief gläubiger Christ. Seine scharfen Analysen und brillanten Argumentationen haben bis heute nichts von ihrer Kraft eingebüßt, und er besaß eine ausgeprägte Fantasie, sich fremde Welten vorzustellen. Obwohl er nie eigene Kinder hatte, schrieb er Kinderbücher, die bis heute Millionen faszinieren. Mit derselben gedanklichen Stärke durchdrang er auch die Welt Gottes und die Geheimnisse des christlichen Glaubens.

Sandro Göpfert geht in diesem Buch auf eine 40-tägige Reise in die reiche Gedankenwelt von C. S. Lewis. Er stellt den Menschen C. S. Lewis vor und übersetzt in seinen Erklärungen die Texte von Lewis in unsere Zeit.

Leserstimme:

Lewis zu lesen, klärt den Kopf und beflügelt die Fantasie. Und es bringt im Glauben weiter.

Matthias Clausen im Vorwort

BRUNNEN VERLAG GIESSEN

www.brunnen-verlag.de

Dietrich Bonhoeffer

Gemeinsames Leben

144 Seiten, Hardcover
ISBN 978-3-7655-0950-6

auch als E-Book erhältlich

Dietrich Bonhoeffer gründete die erste evangelische Kommunität mit gemeinsamem Leben im 20. Jahrhundert – das Bruderhaus des Predigerseminars der Bekennenden Kirche. In „Gemeinsames Leben", seinem meistverkauften Buch, schreibt er über den Wert gemeinsamer geistlicher Übungen. Dabei zeigt er sich als Pionier der Bibel-Meditation und als Vorkämpfer für die Erneuerung der evangelischen Beichte.
„Gemeinsames Leben" – ein geistliches Übungsbuch, das jeder gelesen haben sollte, der in der Gemeinschaft mit anderen Christen lebt – sei es in einer Kommunität, in der Gemeinde, dem Hauskreis, aber auch in der Familie.

In seiner Einführung erzählt Peter Zimmerling vom Leben im Bruderhaus, erklärt die Hintergründe und theologischen Besonderheiten und die Bedeutung für unser geistliches Leben heute.

BRUNNEN VERLAG GIESSEN
www.brunnen-verlag.de

Dietrich Bonhoeffer

Nachfolge

320 Seiten, Hardcover
ISBN 978-3-7655-0948-3

auch als E-Book erhältlich

„Billige Gnade ist der Todfeind unserer Kirche. Unser Kampf heute geht um die teure Gnade."

Für Dietrich Bonhoeffer gibt es keinen lebendigen Glauben ohne Gehorsam. Seit seinem Studienaufenthalt in New York, wo er eine Hinwendung zu einem persönlichen Christusglauben erlebte, sind seine Theologie und Spiritualität geprägt von der Sehnsucht, die Anweisungen der Bergpredigt wörtlich zu nehmen. Die Nachfolge, wie sie die Bergpredigt fordert, ist zur Mitte und zum Motor seiner Theologie und seines Lebens geworden. Wichtigstes Dokument dieses Strebens ist sein Buch „Nachfolge", eine Auslegung der Bergpredigt, die damals wie heute inspiriert, Jesus zu folgen.

Die Einführung von Peter Zimmerling erläutert die Hintergründe des 1937 erstmals erschienenen Buches und zeigt, dass Bonhoeffer Leiter eines Predigerseminars der Bekennenden Kirche wurde, weil ihm damit ein Experimentierfeld zur praktischen Umsetzung seiner Gedanken zur Nachfolge zur Verfügung stand.

BRUNNEN VERLAG GIESSEN
www.brunnen-verlag.de

Dietrich Bonhoeffer

Psalmen

Das Gebetbuch der Bibel

96 Seiten, Hardcover
ISBN 978-3-7655-0949-0

auch als E-Book erhältlich

Mitten in der NS-Zeit, als die Deutschen Christen das Alte Testament abschaffen wollten, wollte Dietrich Bonhoeffer mit diesem Buch den Psalmen und dem Psalmengebet wieder Heimatrecht in der evangelischen Spiritualität verschaffen. Der Psalter war das Gebetbuch Jesu – wie hat er sie gebetet und was heißt es für Christen heute, die Psalmen im Glauben an Jesus Christus zu beten?

Weitere Titel von Dietrich Bonhoeffer:

Freiheit zum Leben – *Ausgewählte Texte zur Ethik*
ISBN 978-3-7655-3763-9

Bleibt der Erde treu – *Ausgewählte Predigten*,
ISBN 978-3-7655-0742-7

Aber bei dir ist Licht – *Gebete, Gedichte und Gedanken aus dem Gefängnis*, ISBN 978-3-7655-0693-2

Ist Dein König nicht bei Dir? – *Bibelarbeiten und Predigten an Wendepunkten*, ISBN 978-3-7655-0745-8

Schöpfung und Fall – *Theologische Auslegung von Genesis 1-3*,
ISBN 978-3-7655-0951-3